PARA NO SER UN RINOCERONTE MÁS

REFLEXIONES DESDE RADIO VATICANO

COLECCIÓN FÉLIX VARELA # 33

EDICIONES UNIVERSAL, Miami, Florida, 2007

Ernesto Fernández-Travieso, S.J.

PARA NO SER UN RINOCERONTE MÁS

REFLEXIONES DESDE RADIO VATICANO

Copyright © 2007 by Ernesto Fernández Travieso, S.J.

Primera edición, 2007

EDICIONES UNIVERSAL
P.O. Box 450353 (Shenandoah Station)
Miami, FL 33245-0353. USA
Tel: (305) 642-3234   Fax: (305) 642-7978
e-mail: ediciones@ediciones.com
http://www.ediciones.com

Library of Congress Catalog Card No.: 2007924098
ISBN-10: 1-59388-104-5
ISBN-13: 978-1-59388-104-7

Diseño de la cubierta: Luis García Fresquet

Dibujos interiores por Robert Cook

Todos los derechos
son reservados. Ninguna parte de
este libro puede ser reproducida o transmitida
en ninguna forma o por ningún medio electrónico o mecánico,
incluyendo fotocopiadoras, grabadoras o sistemas computarizados,
sin el permiso por escrito del autor, excepto en el caso de
breves citas incorporadas en artículos críticos o en
revistas. Para obtener información diríjase a
Ediciones Universal.

ÍNDICE

PRÓLOGO 11

I CULTURA Y TRADICIÓN

1. LATINOAMÉRICA: CONTINENTE DE ESPERANZA . 15
2. NUESTRAS RAÍCES 17
3. LO QUE TRAJERON Y LO QUE ENCONTRARON NUESTROS CONQUISTADORES 19
4. LATINOAMÉRICA EN PELIGRO 21
5. REFLEXIÓN DESPUÉS DEL MIÉRCOLES DE CENIZA 23
6. LA CUARESMA Y NUESTRA INTRANQUILIDAD POLÍTICA Y SOCIAL 25
7. ¿LA CUARESMA NOS PUEDE AYUDAR A ENCONTRAR EL CAMINO A LA FELICIDAD? 27
8. RESPONSABLES, ¿SÓLO EN CUARESMA? 29
9. LLEGA LA SEMANA SANTA 31
10. SEMANA SANTA EN EL TERCER MILENIO 33
11. ¡RESURRECCIÓN! 35
12. LAS VERDADERAS RAÍCES CRISTIANAS DE LATINOAMÉRICA 37
13. A LOS QUE NO QUIEREN REFLEXIONAR 39
14. LA SITUACIÓN DE LATINOAMÉRICA HA EMPEORADO. 41
15. ¡CREZCAMOS EN CONCIENCIA! 43

II CULTURA LATINOAMERICANA

16. MADUREZ O INMADUREZ DE LA CULTURA LATINOAMERICANA 47
17. LA SABIDURÍA DE LOS AÑOS 49

18	RINOCERONTES EN PENTECOSTÉS	51
19	UNA NUEVA ETAPA EN EL PENSAMIENTO DE LA IGLESIA	53
20	LATINOAMÉRICA RECIBE AL ESPÍRITU SANTO	55
21	EL ESPÍRITU SANTO SIGUE «FUNCIONANDO»	57
22	LA IGLESIA CATÓLICA ENTRE DOS FUEGOS	59

III CULTURA Y FAMILIA

23	¡EN NUESTROS PAÍSES LATINOAMERICANOS TODAVÍA QUEDA FAMILIA!	63
24	¿FUNCIONA LA FAMILIA TRADICIONAL EN EL MUNDO DE HOY?	65
25	VIVIR EN FAMILIA NO ES FÁCIL	67
26	NO SE PUEDE VOLVER ATRÁS	69
27	¿PACTO DE NO AGRESIÓN DENTRO DE NUESTRAS FAMILIAS?	71
28	PAUTAS PARA SALVAR LA FAMILIA DE LA EXTINCIÓN.	73
29	LOS ENEMIGOS DE LA FAMILIA	75
30	LA CRISIS FAMILIAR, RAÍZ DE LOS PROBLEMAS POLÍTICOS Y SOCIALES	77

IV CULTURA Y PAZ

31	¡NECESITAMOS PAZ EN ESTE MUNDO!	81
32	¡QUE LA PAZ ESTÉ CON USTEDES!	83
33	DICEN QUE EN LATINOAMÉRICA NO HAY GUERRA	85
34	EL ÚNICO MENSAJE DE PAZ QUE PUEDE SALVAR AL MUNDO	87
35	LA «VENGANZA» DE DIOS ES LA CRUZ: EL «NO» A LA VIOLENCIA	89
36	NO PUEDE HABER PAZ SI NO HAY JUSTICIA	91

37	¡QUEREMOS PAZ Y SEGUIMOS VIVIENDO EN GUERRA!	93
38	LA PAZ DE LOS ANIMALES	95
39	CURANDO LA CORRUPCIÓN	97
40	¿EXISTE UNA TERCERA POSICIÓN ENTRE LAS IZQUIERDAS Y LAS DERECHAS EN NUESTROS PAÍSES DE LATINOAMÉRICA PARA QUE HAYA PAZ?	99
41	CAMBIAR AL INDIVIDUO PRIMERO	101
42	«HA ESTALLADO LA PAZ»	103

V LA CULTURA Y EL MIEDO

43	NUESTRO PRIMER ENEMIGO: EL MIEDO	107
44	EL MIEDO A ARRIESGARSE	109
45	EL PREMIO AL VENCER EL MIEDO	111
46	LUCHANDO CON DIOS, NO CONTRA DIOS	113

VI CULTURA Y LA ESPERANZA

47	ESPERANDO QUE EL MUNDO SE ARREGLE…	117
48	EMMANUEL: DIOS CON NOSOTROS	119

CARTA A LA HUMANIDAD PARA EL TERCER MILENIO

1	«DEUS CARITAS EST»	123
2	LA ENCÍCLICA EN SU MOMENTO HISTÓRICO	125
3	INTRODUCCIÓN A LA ENCÍCLICA *«DEUS CARITAS EST»*	127
4	LAS DISTINTAS CLASES DE AMOR	129
5	EL CRISTIANISMO NO DESTRUYÓ EL «EROS»	131
6	EL HOMBRE: TANTO CUERPO COMO ALMA	133
7	EL «EROS» SE VUELVE NATURALMENTE «ÁGAPE»	135

8	EL MISTERIO DEL AMOR DE DIOS VIVIDO FÍSICAMENTE	137
9	CREAR CONCIENCIA ACTIVAMENTE	139
10	EL AMOR DEBE PROMOVER LA JUSTICIA	141
11	RESPUESTA DEL CRISTIANO AL MUNDO DE HOY	143
12	LA IGLESIA ORIENTA EL AMOR DE DIOS A LOS HOMBRES	145

EPÍLOGO 149

para Latinoamérica que sufre

PRÓLOGO

El dramaturgo Eugène Ionesco (1912-1994), autor teatral francés, máximo exponente del teatro del absurdo, ya advirtió en el siglo XX del peligro de los humanos, en los tiempos modernos, de convertirse en rinocerontes, incapaces de pensar ni reflexionar, dejándose llevar sólo por el instinto animal. Hoy su irónica obra nos llega casi como una amarga profecía. Thomas Merton escribía también alarmado sobre los *rinocerontes* de Ionesco en el mundo de hoy.

Estas «Reflexiones» se han transmitido semanalmente por Radio Vaticano[1] (año 2006) especialmente para Latinoamérica, pero con valor universal. Están basadas en el refrescante pensamiento del Papa Benedicto XVI, quien con valentía nos despierta a todos a examinar los crudos problemas que atentan contra la dignidad del ser humano.

Se nos propone renovar la responsabilidad personal y social integrando la fe con la razón. Sólo lo espiritual, integrando la mente con el corazón, nos salvará de la «deshumanización» que amenaza destruir el mundo convirtiéndonos a todos en pesados, violentos y tercos *rinocerontes*.

Tal parece que en nuestra historia latinoamericana lo hemos probado todo en sistemas políticos y sociales. Sin embargo, en este tercer milenio parece ser que seguimos cometiendo los mismos errores. La polarización en las tendencias, la corrupción a todos los niveles, la injusticia, los vicios, la desmoralización, la delincuencia, la emigración... ¿Contaminados del resto del mundo?... Todo parece estar vinculado a una sola causa: nos hemos animalizado como «rinocerontes» que no pueden razonar ni reflexionar.

---

[1] En Radio Vaticano 384 hombres y mujeres, comunicadores, periodistas y técnicos de 59 países distintos transmiten en 45 idiomas este mensaje antiguo y siempre nuevo. Radio Vaticano es retransmitido por mil radioemisoras en todo el mundo, de las cuales 600, más de la mitad, son de Latinoamérica.

Este libro ayudará a aquellos que quieren despertar a la esperanza. Reflexionemos sobre nuestra historia, sobre la paz, la familia, nuestros problemas sociales y nuestra fe que tiene que iluminarlo todo. Parece que nos hemos olvidado de nuestra fe cristiana, la única que sigue teniendo sentido. La única fe que abarca nuestro bien individual, social y universal. Única respuesta que habla del amor y perdón para reaccionar a nuestra inclinación al mal y a la muerte.

Ernesto Fernández-Travieso, S.J.
Responsable de Relaciones Internacionales
para la América Latina
Radio Vaticano

I
CULTURA Y TRADICIÓN

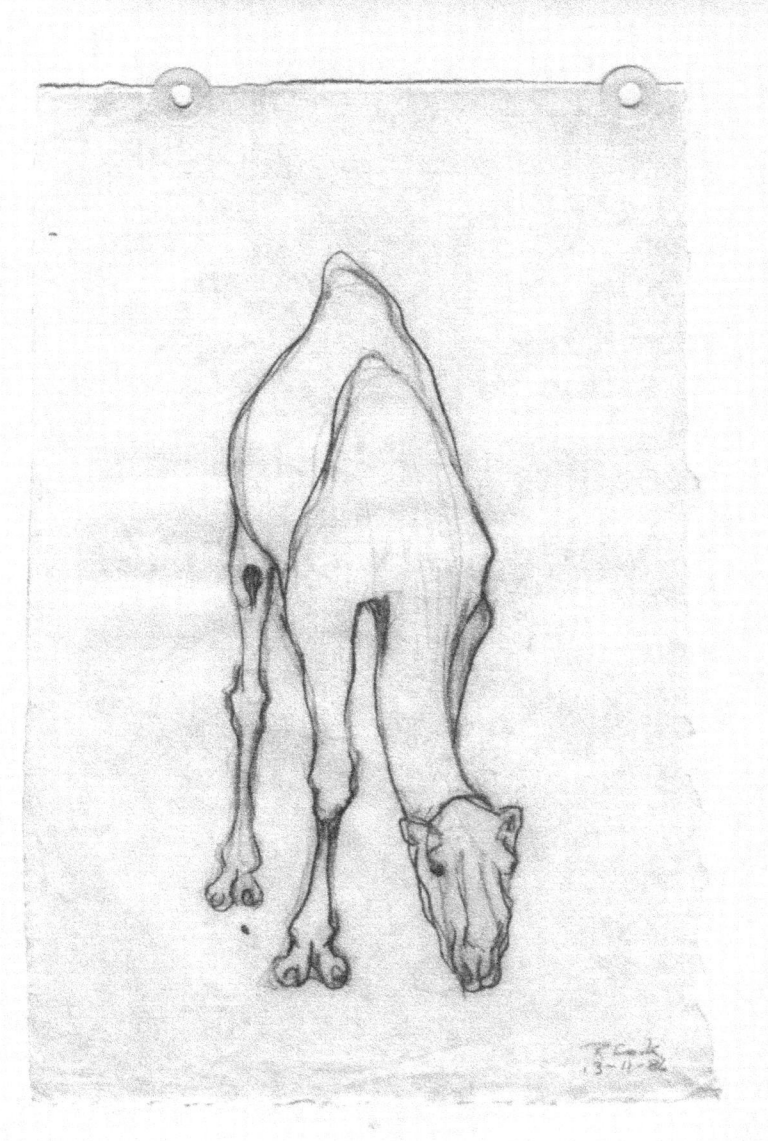

1
LATINOAMÉRICA: CONTINENTE DE ESPERANZA

Hoy comenzamos un nuevo ciclo de programas dedicados a la cultura y la tradición en nuestra América hispana. En estos tiempos tan confusos, cuando nuestro continente se debate entre crisis económicas y sociales, conviene reflexionar sobre la realidad de soluciones prácticas que nos orienten a todos a seguir evolucionando en la historia. Para entender mejor lo que llamamos *tradición* tenemos que revisar nuestros orígenes en ese desarrollo histórico.

Nuestra América fue descubierta para el mundo europeo hace 500 años. Existían ya en este continente varias culturas, algunas primitivas y otras muy desarrolladas. Por otra parte en Europa eran tiempos de guerras, lucha de poderes económicos y políticos, y esa misma mentalidad guerrera y de conquista llegó a América como fenómeno natural. Aunque hubo abusos, y gente que se aprovechó del descubrimiento para sus propios intereses, los conquistadores trajeron consigo las nuevas ideas y filosofías occidentales que desde tiempo de los romanos se venían haciendo universales. En ese contexto, el cristianismo fue traído entonces a nuestro continente.

Pero fueron los misioneros quienes realmente trajeron el cristianismo a la América. Los misioneros cumplieron con un doble e importantísimo papel en la llamada «conquista». Por una parte defendieron a los nativos e inclusive respetaron sus culturas, llevando esta idea de vuelta a Europa donde algunos creían que los nativos americanos no tenían alma. Por otra parte, los misioneros cristianos llevaron la fe en el amor y un mensaje de salvación a pueblos que también vivían en conflictos bélicos y abusos entre unos y otros. Muchos misioneros fueron martirizados por vivir esa fe del amor y del perdón que caracterizaba el cristianismo.

La América latina se fue desarrollando y en contraste con la América del norte anglosajona, se propagó el mestizaje, la mezcla de razas y de culturas. El arte, la música y hasta las mismas expresiones religiosas, mostraban la integración de esas culturas.

Hoy, sin embargo, la América latina se desenvuelve a duras penas bajo una terrible polarización. La diferencia entre la clases pobres y ricas se hace más cruda. La corrupción generalizada de los gobiernos y los partidos políticos divide cada día más a los pueblos: las clases pobres y desesperadas buscan la solución en socialismos y comunismos; las clases poderosas, con miedo a hacer cambios, defienden un indefendible *status quo*.

Por experiencia sabemos que en medio del caos, con burda demagogia algunos políticos se aprovechan de las clases desesperadas para terminar en el callejón sin salida de la dictadura. Estos políticos se reconocen siempre, pues su método es el odio y la lucha de clases que ya sabemos nunca ha solucionado nada en la historia. Por otra parte todos esperan, quizás demasiado pasivamente, un cambio radical que no haga tambalear la democracia.

Si creemos realmente que Dios es amor, como nos lo declaran el Papa y nuestra tradición cristiana de siglos, tenemos que encontrar las soluciones a la luz del amor. Pero este amor requiere la entrega a los demás y el esfuerzo por buscar honestamente soluciones, sacrificio inclusive, para crecer juntos en solidaridad y justicia. ¡Latinoamérica nos pide despertar de nuestro letargo!

Reflexionemos en las próximas transmisiones, poco a poco, sobre nuestra tradición y nuestra cultura. Latinoamérica ha sido llamada muchas veces el continente de la esperanza. Hoy día, es realmente el continente católico por mayoría. Hagamos esto una realidad y busquemos en los Evangelios una actitud clara y viva para desarrollarnos y llevar también esta actitud al resto del mundo.

2
NUESTRAS RAÍCES

En este ciclo de programas dedicados a la tradición y a la cultura del continente latinoamericano, reflexionamos sobre los problemas de nuestro continente para encontrar soluciones *«con todos y para el bien de todos»*, como decía el apóstol cubano José Martí.

El descubrimiento de América, nuestro origen histórico, nos define para el mundo europeo y nos da una identidad diferente de cualquier otro continente... ¡Somos «el nuevo mundo»!... Los misioneros trajeron el cristianismo con su clara doctrina del amor y la salvación para todas las razas y todos los pueblos. Los abusos de algunos conquistadores no pudieron opacar la claridad de esta fe que también redimía a los nativos de los abusos y de los conflictos bélicos entre ellos mismos.

En contraste con la América del norte, la América latina creció con la integración de las diferentes culturas y razas. Las corrientes inmigratorias que fueron viniendo después, especialmente de Europa, asentaron una idiosincrasia muy diferente a la de cualquier otro continente. Florecieron las artes: la música latinoamericana es una prueba de este sincretismo cultural, artístico y hasta religioso. Hoy, nuestra música latinoamericana llega hasta los más recónditos rincones del planeta. Esa tradición, mezcla de razas y culturas, nos da una identidad propia que nos tiene que enorgullecer.

Sin embargo, sabemos que esta integración no ha sido fácil, ha tenido que atravesar muchos contratiempos y elementos negativos productos del egoísmo humano. Hoy, todavía algunos promueven la discriminación racial y la lucha de clases. También muchos políticos se aprovechan de los problemas sociales y económicos con fines personales de poder. Usan el odio para dividirnos y proclamar sistemas arcaicos, que quieren convertir a todos en «diligentes» animales de una granja. Por otra parte nuestra fe religiosa se ve atacada por elementos extranjerizantes que aunque se dicen cristianos siembran división y tratan de abolir nuestras tradiciones.

Frente a esos peligros, debemos urgentemente volver a revisar nuestras raíces históricas. Hoy nuestros misioneros, valientes hombres y mujeres, laicos o religiosos, siguen dedicados a evangelizar con ese amor que promueve la justicia. ¡Todavía esa fe está produciendo mártires!

La Iglesia Católica se ha identificado siempre con los más sufridos y con los pobres. Aunque en la historia nuestra Iglesia a veces también se ha contaminado, hoy sigue aplicando el Evangelio de Cristo a nuestro mundo tan necesitado de redención. La primera encíclica de nuestro Papa Benedicto XVI, va directamente a orientarnos en búsqueda de soluciones. No podremos crecer a menos que encontremos una justicia basada en el amor, porque «Dios es Amor».

Tenemos que proclamar con fuerza ese cristianismo que nos une racial y culturalmente. Esa fe nos ayuda a seguir buscando soluciones con un amor valiente que disipe las tinieblas de la corrupción política y las injusticias sociales.

Nuestra cultura latinoamericana multirracial y católica (que significa universal), nos tiene que reunir a todos en un solo espíritu de familia, de fraternidad entre países, con nuestras devociones populares y nuestras tradiciones de siglos. Y así, con esa identidad tan especial que nos une a todos, seguiremos abriendo los brazos para recibir a los que vengan de buena voluntad, de cualquier religión y raza, a seguir desarrollando un continente único y lleno de esperanza.

3
LO QUE TRAJERON Y LO QUE ENCONTRARON NUESTROS CONQUISTADORES

La América descubierta al mundo europeo por los españoles y colonizada primeramente por España y Portugal, se configuró de una manera muy especial. Las culturas indígenas, algunas primitivas y otras altamente sofisticadas que ya existían por todo el continente, se mezclaron con la de los europeos en una fusión de razas y costumbres como no la hubo en la América del norte. Aunque siempre han existido abusos, y también una discriminación latente, la labor de los misioneros trajo un nuevo estilo de vida a los nativos americanos. Se suprimieron aquellos masivos sacrificios humanos a los dioses y se enseñó un cristianismo de amor y justicia, aunque muchas veces los mismos colonizadores no fueran buen ejemplo ni de amor ni de justicia.

Los jesuitas principalmente, que respetaban la lengua y la cultura de los nativos, fueron perseguidos por aquellos europeos que sólo querían explotar las riquezas del continente. También muchos de estos misioneros fueron perseguidos y martirizados por los nativos. Sin embargo ellos evangelizaron, tanto a éstos como a los esclavos africanos que vinieron después. Recordemos a un Pedro Claver y a tantos otros que no sólo protegieron y defendieron a los esclavos, sino que con amor les enseñaron el cristianismo.

Hay que reconocer que hoy tenemos un continente en el que se respetan, generalmente, los principios y valores cristianos de familia, honor y respeto a los demás. Y sobre todo, donde prevalece la idea de un Dios de amor que nos ama a todos, empezando por los más sufridos.

Pero la América latina vive en constante peligro de perder su tradición y hasta su cultura de siglos. El primer peligro es el materialismo económico que afecta tanto a ricos como a pobres. Y en esto hemos sido contaminados como el resto del mundo. Los ricos viven para amasar más dinero con lujos y excentricidades que claman al cielo; los pobres tratan de suplir las necesidades básicas, pero también están contaminados con el consumismo y lo superfluo. La clase media vive sedienta de alcanzar lo que los medios de comunicación les vende como felicidad adquirida. Sólo el cristianismo nos pudiera salvar de esa desenfrenada locura que, más que deshumanizarnos, nos animaliza.

Todos somos culpables. Empezando por los que nos llamamos Iglesia y nos decimos seguidores de Cristo. No vivimos seriamente nuestra fe. Nos conformamos con *«cumplir»* reglas, preceptos y mandamientos. Nos quedamos con devociones superficiales que casi se convierten en supersticiones paganas. Hemos perdido el espíritu que Jesús mismo vino a enseñarnos... ¿No será por eso que nuestros jóvenes parecen no encontrar una respuesta en al cristianismo?... Nos jactamos a veces de lo bueno que somos y criticamos a los demás «pecadores»... ¿No nos recuerda esto la parábola del fariseo y del publicano?... Jesús criticó claramente a los cumplidores fariseos y nos enseñó el verdadero espíritu con que debíamos amar a Dios y al prójimo.

Ya desde el Antiguo Testamento nos llegaban los profetas que denunciaban la falta al espíritu y la esclavitud a la letra y los preceptos. Los profetas nos anunciaban la verdadera respuesta al amor de Dios y nuestra parte en el pacto de la alianza. Teníamos que corresponder a ese amor con un corazón de carne, con pasión y efectos prácticos, amando realmente a los demás.

Y es ese *Dios del Amor* que nos invita hoy día a ser responsables con nuestra fe, a llevar su reino de paz y justicia a todos esos lugares en que se vive sin esperanza. ¡Volvamos a vivir con alegría la locura y la liberación que Jesús vino a darnos como Buena Nueva!

4
LATINOAMÉRICA EN PELIGRO

A nuestro continente latinoamericano nos ha llegado la contaminación del materialismo. Este peligro inmediato ataca directamente nuestra tradición y cultura basadas en el cristianismo del amor y la justicia. La mayoría de la gente se deja llevar por esa campaña del consumismo explotada por los medios de comunicación. Tal parece ser que tanto los ricos como los pobres se dejan llevar por esta fantasía que podemos comprar y nos promete una felicidad ficticia que ignora lo más íntimo de nuestra dignidad humana ... Los más afectados por esta campaña consumista son por supuesto los pobres, que se han convertido en la clase *«desesperada»*.

Cada día hay más latinoamericanos que abandonan el continente buscando mejorar económicamente sus vidas. Dejan atrás no sólo familia y seres queridos sino hasta sus propios principios y valores. Lo peor es que la mayor parte de los emigrantes nunca consiguen una mejoría de sus vidas. Si pueden experimentar un mejor desarrollo económico, ha sido a costa de la pérdida de su respeto y dignidad.

Existe también una emigración de gente de clase media educada y preparada, profesionales que pudieran contribuir activamente al desarrollo de sus propios países. Pero que, al no encontrar un trabajo decente, optan por buscar en otras latitudes.

El emigrante, regularmente, es discriminado en esos países no sólo por su raza sino también por su lengua y su cultura. Terminan como esclavos bien pagados, o mejor dicho, mejor pagados que en sus propios países. Pero, ¡a qué precio!

Muchos se olvidan de Dios, y caen en vicios o peor, en una vertiginosa carrera por ganar más dinero de cualquier modo. Si regresan a sus países, aunque sea de visita, regresan cínicos y arrogantes y hasta abusadores de su propia gente. Todo para disfrazar su frustración.

Es muy triste ver en los aeropuertos de Europa a grupos de mujeres latinoamericanas que son llevadas como prostitutas, muchas veces explotadas con contratos humillantes. Por otra parte, agencias de viajes en Europa organizan viajes a determinados países de Latinoamérica donde la principal atracción es el turismo sexual. Existen catálogos donde el turista puede escoger de antemano a su jovencita o jovencito. Usualmente esta prostitución organizada está amparada por los gobiernos que reciben sus frutos económicos.

El trabajo, hoy en día, en parroquias católicas de emigrantes es inestimable, no sólo en los Estados Unidos sino también en muchos países de Europa. Son *las nuevas misiones*. Por lo menos ahí encuentra el emigrante una esperanza y puede mantener o recuperar su dignidad en sus principios y valores.

Sin embargo esta emigración continuará mientras existan esas diferencias de moneda tan abismales entre los países del primer mundo y los países en desarrollo... ¿Podremos hacer algo en nuestros países latinoamericanos por aguantar esa avalancha hacia los países ricos? ... ¿Podríamos hacer un poco más entre todos para mejorar la economía con la educación y preparación de nuestras clases sociales desesperadas? ... ¿Podremos evangelizar hoy al nuevo esclavo, discriminado y abusado? ... ¿Cómo podemos cada uno de nosotros responder al llamado del Dios del Amor en el mundo de hoy?

5
REFLEXIÓN DESPUÉS DEL MIÉRCOLES DE CENIZA

En cuántos Miércoles de Ceniza hemos oído al celebrante decirnos la famosa frase *«Polvo eres y en polvo te convertirás»*! ... Pero quizás no hemos reparado que desde hace un tiempo el sacerdote tiene la opción de una nueva fórmula al impartir la ceniza: *«Conviértete y cree en el Evangelio»*.

La primera fórmula, indudablemente, nos llega desde la Edad Media y llega a infligirnos algo de miedo. Después de las invasiones bárbaras que devastaron Europa, quemando y destruyendo lo que quedaba de la civilización romana, vino un período de calma y re–construcción. Los bárbaros se fueron convirtiendo al cristianismo. Dada su ignorancia y falta de educación, el arma preferida para su catequización por la Iglesia de entonces fue el miedo.

Las nuevas riquezas y las ciudades que se formaron alrededor de los monasterios, donde se pudo preservar la cultura de siglos, demandaban un re–ordenamiento personal y social. Hacer pensar en el castigo o en el premio después de la muerte fue uno de los temas más comunes en los mosaicos y frescos de las catedrales medievales. Como a niños, se trataba de educar a base de miedo, premio o castigo. Asustarlos con el recuerdo de que tenían que morir y volver al polvo, parecía una eficiente pedagogía para aquel momento.

Hoy, después de tanta historia, quisiéramos ser tratados como adultos, y por eso la Iglesia nos da otra opción para hacernos pensar: *«Conviértete y cree en el Evangelio»*. Y ahí sí que no entra el miedo ni el pensar como niños sino que se nos invita a reflexionar e, inmediatamente después, a actualizar esa fe que el Evangelio nos enseña: una invitación a ser responsables.

Empezamos la Cuaresma, la preparación al misterio más inescrutable que nos enseña nuestra fe cristiana. Es el misterio de nuestra propia vida: el crecer, morir y resucitar. Al revivir la pasión, muerte y resurrección de Cristo, volvemos a recapacitar en el verdadero sentido de nuestras vidas. Todo lo que hacemos, nuestro aprendizaje con sus penas y alegrías, todo lo que hemos logrado con esfuerzo, los fracasos que hemos sufrido y los errores que hemos cometido, **todo** llega a tener sentido a la luz de ese misterio de la vida que Cristo mismo experimentó. Y como adultos tenemos que ordenar nuestras vidas, volver a renovar nuestra fe, poner todo en recto camino otra vez. Para eso está el tiempo de cuaresma.

Nuestros países de Latinoamérica empezaron a crecer poco después del final de la Edad Media. Los misioneros venidos de Europa nos trajeron el cristianismo, nos enseñaron el perdón y el mandamiento del amor por encima de nuestras razas, clases sociales y diferencias. Empezaba una nueva época en Europa, aunque todavía quedaban vestigios de la Edad Media y quizás por eso en nuestras culturas quedan todavía prácticas religiosas en las que se percibe un poco de aquel miedo medieval que nos hace aterrorizarnos como niños al hablarnos de la muerte y del premio o el castigo.

Al comenzar este tercer milenio debemos responsabilizarnos con ese llamado a *convertirnos constantemente*, a cambiar el egoísmo en generosidad, la inmadurez en seria y adulta constancia, la apatía en activa responsabilidad. Y el Evangelio nos ayuda a encontrar esa actitud de vida que Jesucristo mismo vino a enseñarnos en carne propia.

¡Abramos nuestros oídos y nuestro corazón al Evangelio y convirtámonos, para que la Iglesia no tenga que tratarnos otra vez como niños o como bárbaros capaces de destruir nuestro mundo!

6
LA CUARESMA Y NUESTRA INTRANQUILIDAD POLÍTICA Y SOCIAL

Indudablemente, en esta Cuaresma debemos tener presente los problemas políticos, económicos y sociales de nuestro continente. Estos problemas nos afectan a todos, tanto individualmente como colectivamente. No podemos tampoco excluirnos de un mundo donde en otros continentes estos mismos problemas se entremezclan y se afectan mutuamente.

En un mensaje reciente de la Pontificia Comisión para la América Latina, con motivo de conmemorarse el *«Día de Hispanoamérica»* en las diócesis de España, se ha escogido el lema: *«Compartimos el pan de la tierra y el pan del cielo».* Este lema seleccionado, nos recuerda que tenemos el deber de salir al encuentro de dos formas de hambre que hay en el mundo de hoy: *hambre de pan* y *hambre de Dios*. A veces nos olvidamos de estas dos vertientes que tenemos los seres humanos y somos olvidadizos tanto de la una como de la otra.

Necesitamos resolver los problemas económicos que sufren nuestros países en desarrollo, sobre todo en estos tiempos de globalización cuando una desmesurada competencia amenaza nuestras tradiciones y culturas, con todo lo que esto conlleva. No sólo las tradiciones y costumbres nuestras son amenazadas sino también nuestra institución de la familia, base de nuestras sociedades. Afectada está nuestra sanidad psicológica y, por lo tanto, nuestra esperanza de llegar a encontrar el camino a la felicidad en este mundo. Esa insatisfecha hambre de pan nos afecta íntimamente en nuestra dignidad personal.

Nuestros pueblos también tienen hambre de Dios, especialmente los jóvenes que siempre miran al futuro. El vacío interior, la desesperanza y la angustia pueden ser más devastadores que el hambre de pan. Lo peor es que muchos no saben ni que tienen hambre de Dios: o porque nunca les han hablado de El, o porque se les ha hablado de un Dios «equivocado». ¡Cuántas veces –quizás con la mejor intención–

se nos ha enseñado un Dios cruel, incomprensible, falto de ternura y misericordia, siempre listo para castigarnos por el menor error!... ¿Dónde está ese Dios del Antiguo Testamento capaz de perdonar mil veces al pueblo de Israel de sus infidelidades?... ¿Por qué hay gente hoy en día que prefiere no creer en Dios, ya sea por miedo o porque creen que Dios nunca los podrá perdonar?

Constantemente el Antiguo Testamento nos menciona el perdón como una de las características «especiales» de ese Dios que perdonó a David de su horrible pecado.

¿No nos dio Jesucristo suficiente prueba de su amor y su perdón?... Basta leer el pasaje de la adúltera a punto de ser apedreada por los fariseos, hipócritas cumplidores de la ley y su religión. Después que los desenmascara, las palabras de Jesús son conmovedoras y una vez solo con ella le dice con ternura, *«Yo tampoco te condeno. Vete y no peques más…»*

En esta Cuaresma encontremos a ese Cristo que nos invita a conocerlo más como amigo. Ese amigo capaz de pasar por alto nuestras debilidades. Encontremos a ese Dios verdadero que los hombres nunca hubiéramos sido capaces de inventar; el que nos dice, *«Vengan a mí los que están cansados y agobiados, que yo los aliviaré»*.

Dios nos invita a todos y a cada uno de nosotros a dar pan a los que tienen hambre y sed de justicia. Nos invita también a llevarlo a El a los demás en amor y perdón.

7
¿LA CUARESMA NOS PUEDE AYUDAR A ENCONTRAR EL CAMINO A LA FELICIDAD?

Con nuestros problemas sociales, económicos y políticos, que no podemos olvidar en esta cuaresma, atendamos también la propia hambre personal del espíritu.

Queremos arreglar naciones, continentes y el mundo entero. Criticamos todo y a todos. Nos volvemos cínicos creyendo que esto no tiene arreglo...

Si pensamos y reflexionamos, algo propio y único de los seres humanos, nos tenemos que dar cuenta de que ese mundo está compuesto de gente como nosotros. ¡Gran misterio el de esa pluralidad humana! Cada uno es un mundo diferente y sin embargo vivimos todos en ese mundo global.

Un teólogo me decía un día que ninguna de las pruebas de la existencia de Dios le convencía tanto como el darse cuenta de la pluralidad humana. Sólo Dios podía haber creado semejante confusión de tantos caracteres y personalidades distintas y que todavía pudiéramos tener sentido de comunidad global.

Por eso, si estamos inconformes de cómo va el mundo, si queremos resolver los graves problemas económicos, políticos y sociales que afectan a Latinoamérica y al mundo entero, tenemos que empezar por «casa», por cada uno de nosotros. Tenemos que reflexionar, y con toda honestidad y humildad, mejorar, cambiar, transformar nuestra actitud.

Al fondo de toda reflexión nos encontraremos siempre con nuestro egoísmo personal que tiene que domarse, controlarse, canalizarse. ¿O es que para cambiar tenemos que esperar a que el dictador de turno nos envenene la mente con odio para unos y promesas falsas para otros?...

Todos queremos ser felices, pero casi siempre buscamos la felicidad donde no está. No podemos ser felices si –al menos– no nos sentimos satisfechos, queridos y amados: *lo personal*. No podemos ser felices si nuestra felicidad se logra a costa de los demás, ignorando, oprimiendo, usando a los otros: *lo social*. No podemos ser felices si no nos sentimos creativos y capaces de participar en una maravillosa creación que nos invita a trascender al infinito: *lo universal*. Si falta alguno de estos tres niveles en nuestras vidas, nunca podremos decir que hemos encontrado el camino a la felicidad.

Y mirando y comparando las creencias que nos saltan a la vista en el mundo de hoy, descubrimos que sólo el cristianismo tiene una respuesta a nuestros problemas personales, sociales, políticos y universales. Todas las demás creencias han caído y se han vuelto obsoletas al llegar este Tercer Milenio.

La Iglesia, humildemente, nos ofrece el camino de la reflexión en la cuaresma. *«Conviértanse y crean en el Evangelio»*, se nos dice en el Miércoles de Ceniza. Nuestra vida es una constante conversión ya que el egoísmo individual y colectivo nos acecha y deshumaniza. Con esa pluralidad, Dios nos creó. Sin embargo, Jesús en la última cena pidió al Padre que todos fuéramos «uno». Ese será siempre nuestro ideal, que todos vivamos en paz, justicia y amor.

Aprovechemos estas semanas de cuaresma para limpiarnos y purificarnos. Recapacitemos, volvamos a liberarnos de nuestro egoísmo. Convirtámonos y creamos en la Buena Nueva del Evangelio.

8
RESPONSABLES, ¿SÓLO EN CUARESMA?

Siguiendo nuestras reflexiones para este tiempo de cuaresma, tenemos que darnos cuenta de que nuestra fe, nuestra creencia, no es algo fuera de nosotros mismos, algo que nos ponemos y nos quitamos a conveniencia como una túnica. De nuestra fe depende el encontrarnos con nosotros mismos, encontrarnos y reconocer a los demás y, como consecuencia, encontrar a Dios.

Jesús, con una pedagogía maravillosa, en los Evangelios nos enseña a pensar. La riqueza de las parábolas llegaba al corazón de las multitudes que lo seguían. En todas sus parábolas hay siempre algo que nos mueve a reflexionar, todavía dos mil años después, con un valor universal para todos los tiempos.

Hoy, con los problemas terribles que afligen al mundo que no parecen encontrar soluciones, tenemos que indagar más profundamente. Ni las soluciones económicas en que tanto confiamos y que nos desesperan, ni los cambios políticos y sociales que tantas promesas falsas nos ofrecen, nos pueden augurar un nuevo amanecer.

Casi por exclusión tenemos que llegar al fondo de la responsabilidad personal humana. Los gobiernos, las multinacionales, el comercio de la droga, la delincuencia y la corrupción, todo tiene detrás «caras humanas». Son seres humanos los que componen, hacen y deshacen las decisiones que producen esos problemas. Seres humanos que, con sus egoísmos, violentan la libertad humana dada por Dios para el bien. Sin embargo, estos seres humanos hacen el mal consciente o inconscientemente.

Pero sería demasiado fácil culpar a otros sin reparar en nuestro propio egoísmo que nos hace ignorar los problemas. Es muy fácil culpar a los demás y librarnos entonces de nuestra responsabilidad. La apatía, la insensibilidad, también tienen caras humanas. Y todos, de una u otra manera, somos culpables.

Sin embargo, también tenemos virtud que Dios planta en nuestros corazones. Hasta los más culpables tienen dentro esa llamada de Dios. Y nunca es tarde para recapacitar, para liberarse de la esclavitud del egoísmo, para volver a encontrar a Dios en uno mismo, en los demás, en la maravillosa creación que Dios puso en nuestras manos para convertirla en su Reino de Paz, Justicia y Amor.

En este tiempo de Cuaresma en que la Iglesia nos invita a recapacitar, nos viene un nuevo aliento a cambiar, a buscar la paz y la alegría. La misma Iglesia ha pedido perdón, por medio de sus últimos Papas, por los errores del pasado. Pidamos también cada uno de nosotros, que somos Iglesia, perdón por los errores del presente. Convirtámonos al Evangelio. Busquemos en ese maravilloso testamento que Jesús nos dejó la actitud de vida que es la única que nos puede salvar, individualmente y colectivamente. Seamos responsables con esa misión que Dios nos ha dado en este mundo. No hay que hacer heroicidades, basta con hacer el bien todos los días, cada uno según su capacidad. ¡Que esta Cuaresma transforme nuestras vidas!

9
LLEGA LA SEMANA SANTA

Y viene pronto la Semana Santa, que muchos aprovechan para descansar e irse de vacaciones. A pesar de eso, este tiempo de vacaciones sin trabajo ni rutina diaria, puede ser un tiempo maravilloso para re-encontrarnos con nosotros mismos.

A veces andamos con tanta rapidez que no podemos ni asimilar las experiencias que vivimos cada día. Saltamos de obstáculo en obstáculo sin detenernos a reflexionar ni a pensar en lo que hemos hecho. La Semana Santa puede ser el tiempo para descansar de nuestra vertiginosa carrera, para revisar y ordenar nuestra vida. ¡Encontremos tiempos de silencio!... Y la Semana Santa nos viene a recordar, mejor dicho, revivir el misterio de Cristo, que no es otro que el misterio de nuestra propia vida.

Basta que uno viva un poco para darse cuenta de que todo en la vida cuesta esfuerzo; inclusive cuando un logro viene sin trabajo ni esfuerzo, no lo consideramos plenamente como cosa nuestra. El dolor y el sufrimiento son parte de ese esfuerzo, que tiene que comprenderse en este aspecto positivo. Pregúntenle a una madre el fruto de los desvelos por sus hijos, los dolores y las preocupaciones que éstos cuestan. Pregúntenle a un artista o algún científico el sacrificio que cuesta una nueva creación o un gran invento. Todo cuesta en la vida. Pero al lograrlo ¡qué satisfacción interior!, ¡y cómo no encontramos palabras para describir nuestro gozo!

El misterio de la pasión, muerte y resurrección de Cristo nos viene a enseñar el camino que Dios mismo escogió para obtener nuestra salvación. Hay que morir para dar vida... *«¡Si el grano de trigo no muere!»*... El que no se niega a sí mismo no encontrará la vida, nos parecen misteriosas contradicciones. Sin embargo la experiencia nos dice que ahí está verdaderamente el misterio de la vida y de la felicidad a que todos hemos sido llamados.

Morir a nosotros mismos significa claramente morir al egoísmo que nos animaliza, nos aplasta y nos esclaviza. Por lo tanto por esa *«muerte»* nos viene la vida. El sacrificarnos por los demás nos libera porque estamos dando *vida* a los demás.

Cuando estamos en crisis nos sentimos solos y abandonados de todo y de todos. Sin embargo al abrirnos a Dios, misteriosamente nos llenamos de un hálito de fuerza extraña que nos hace aguantar un poco más, aguantar hasta que pase la tormenta, *esperar con «esperanza»*, valga la redundancia. Y después de la tempestad, vuelve a amanecer otra vez, vuelve a salir el sol; y la noche de soledad y penuria desaparece para dar paso a la resurrección de un nuevo día. Ahí comprendemos, si cabe comprender un misterio, el misterio de la muerte y resurrección de Cristo.

¡Por cuántas crisis hemos pasado y sobrevivido! ¡Cuántas pequeñas muertes nos han traído resurrección y nueva vida! Y al resucitar hemos nacido cada vez a una vida más intensa, a una nueva dimensión.

Recordemos en estos días nuestras *«muertes»* en la vida, reflexionemos en esos esfuerzos de tantos sacrificios. Vivamos con Cristo su Pasión y muerte, acompañándolo en la Cruz como El nos acompaña a cada uno de nosotros en nuestras cruces y muertes. Y viviremos más de lleno la alegría de su Resurrección y la Pascua, al final de esta Semana Santa.

10
SEMANA SANTA EN EL TERCER MILENIO

Nos asusta tremendamente cuando oímos a ciertos predicadores fundamentalistas simplificando infantilmente nuestra fe cristiana. Llegan a decir que se alcanza la salvación solamente proclamando que Jesús es Dios. Si eso es así, ¡pobres de tantos millones de seres humanos que ni siquiera han oído de Cristo!

Sin embargo, el misterio de la Encarnación nos enseña a ahondar más profundamente en esa verdad revelada. Al declarar que Jesús se hizo humano entendemos que ya toda la humanidad, cada individuo, tiene a Cristo en su corazón. Esta verdad nos hace reflexionar en lo que significa, en la práctica, para nosotros todos los ciudadanos del mundo...

Primero: Cristo está actuando en todos y cada uno de nosotros, de todas las naciones y creencias, inspirándonos la concreta y real actitud de vida que El dejó plasmada en los Evangelios. Proclamar a Cristo significa vivir verdaderamente en consonancia con su vida de amor y entrega a los demás. Y eso todos lo tenemos dentro.

Segundo: Como Dios nos creó libres y respeta nuestra libertad, cada uno tiene que dejar que Cristo llegue a nuestra vida a pesar de los obstáculos. Cada uno debe dejar que la activación del *«amor cristiano»,* a que todos somos llamados, tome forma en nuestro vivir y en nuestro actuar.

Tercero: Los que hemos recibido directamente su mensaje tenemos que ser responsables de la misión de llevar esa actitud de vida a todos los demás. Tenemos el deber de compartir ese mensaje, especialmente con aquellos que no han tenido ese privilegio de escuchar directamente las palabras de Cristo. Es a nosotros, esos *privilegiados*, a quienes nos toca ser LUZ DEL MUNDO y SAL DE LA TIERRA.

Por lo tanto en esta Semana Santa en que la Iglesia nos invita no sólo a «ponernos a tono» con Cristo sino, más todavía, a unirnos a El en su pasión, muerte y resurrección, debemos tener conciencia de nuestra misión y deber. Al unirnos a él como salvador nuestro, que dio su vida por sus amigos, entenderemos mejor el sentido de nuestra vida, de lo que somos: única actitud de vida que puede salvar a este mundo de la corrupción reinante. Sólo el amor de Cristo, de negarse al propio egoísmo, de darse en servicio a los demás, hará comprender a todos el misterio de ese Dios que está tratando de conquistar nuestros corazones.

En la homilía del Domingo de Ramos, el Papa Benedicto XVI destaca el símbolo de la Cruz para la juventud de hoy en día. La Cruz es símbolo de victoria, la victoria duramente ganada por Cristo. La Cruz es liberación de todo ese egoísmo que nos corrompe, nos hace odiar y nos divide. Ese egoísmo que nunca nos dejará vivir en paz. La cruz será siempre símbolo de humanización, contraria a la seducción de los instintos que nos hace vivir como animales por todas partes del mundo.

Que este Viernes Santo, vivido y sufrido con Cristo, nos haga llegar llenos de alegría a la liberación del Domingo de Pascua y Resurrección. Entreguémonos a la Cruz y llevemos esa liberación a todos los que no conocen a Jesucristo nuestro Salvador. Pero sobre todo, llevemos a Cristo en acción a todos esos lugares y a todos esos corazones que no saben lo que es «amor»... ¡FELIZ PASCUA DE RESURRECCIÓN!

11
¡RESURRECCIÓN!

¡Y Cristo resucitó! Contra todas las expectativas. En contra de los religiosos de su época. Los fariseos y escribas lo habían condenado a muerte por hacerse Dios: Jesús perdonaba los pecados, cosa que era una blasfemia más que una locura. ¡Sólo Dios podía perdonar los pecados y Jesús no perdonaba en nombre de Dios, sino de Él mismo porque claramente él era Dios!

En contra también de las expectativas de sus propios discípulos, Jesucristo resucitó. Aunque lo habían visto caminar sobre las aguas y resucitar a su amigo Lázaro, no creían. Aunque les había hablado que debía morir para después resucitar, no creyeron. El miedo les hizo olvidar todo. El miedo los hizo gritar de terror cuando Jesús, ya resucitado, se apareció en medio de ellos a puertas cerradas. Tomás, ni siquiera creyó a sus compañeros hasta que metió sus dedos en las llagas. Y todavía hay algunos que dicen que los apóstoles inventaron el «cuento» de la resurrección y que simplemente habían robado su cadáver.

En el recuento de la resurrección, los apóstoles han quedado en ridículo para toda la historia: por cobardes, por traicionar a Cristo, empezando por el principal, Pedro, que lo negó tres veces... ¿Cómo estos apóstoles pudieron haber inventado semejante cuento?... Además, el cuerpo de Jesús estaba custodiado por los soldados romanos. Miles de personas lo vieron después de resucitado, los apóstoles hablaron y comieron con Él, se llenaron de valentía y salieron a la calle a anunciar la buena noticia. Y dieron la vida por esto.

Hoy, con mucha insidia, se nos quiere confundir. Por la televisión, el cine, y novelas baratas se elaboran teorías falsas que pueden engañar a cualquiera. Muchos, que hasta se dicen cristianos, predican a Jesús en nuestros países en desarrollo como un gran hombre y profeta, un liberador social y hasta político pero ocultan –o hablan muy bajito–

de la divinidad del Cristo. ¡No mencionan su resurrección!, terminan la vida de Jesús con su muerte y su gran «legado» para la humanidad...

Si Jesús hubiera sido sólo un gran hombre, el declarar él mismo que era hijo de Dios lo haría un loco. ¿Estaríamos acaso por dos mil años siguiendo a un loco y hasta dando la vida por él?

Con Cristo no podemos ser agnósticos y declarar que sólo fue un gran profeta, que su doctrina del amor y del perdón venía sólo de un gran hombre. Hoy, que todas las religiones humanas se han quedado atrás, obsoletas, incapaces de encontrar soluciones a los problemas del mundo, la única doctrina que tiene sentido y que nos puede salvar de la extinción, es la de Jesucristo... ¡Pero ese Jesucristo *«completo»*, Hijo de Dios! ... Como dice Pablo en sus epístolas, *¡Si Jesús no resucitó, vana es nuestra fe!*

Tanto Pablo como Pedro murieron mártires. Y como ellos, murieron muchos en los circos romanos, despedazados por leones para divertir a la concurrencia. Historiadores romanos testimonian que estos cristianos cantaban... ¡Cantaban frente a los leones, con alegría!... Y que al verlos, muchos espectadores se tiraban de las gradas a los leones viendo a aquellos mártires muriendo con alegría para alcanzar la resurrección.

Así entró el cristianismo en nuestra civilización occidental. Los primeros cristianos fueron víctimas, perseguidos por un mundo de corrupción y hedonismo. La revolución pacífica más grande que registra la historia. Los cristianos daban su vida por un tal Jesús que murió por nuestra salvación y resucitó prometiendo la resurrección y la vida eterna a todos los que creyeran en Él y, unos a otros, se amaran.

12
LAS VERDADERAS RAÍCES CRISTIANAS DE LATINOAMÉRICA

Como ya hemos dicho, nuestro continente latinoamericano se ve amenazado por muchos problemas políticos, sociales y económicos. Lo peor es que muchas fuerzas de poder están tratando de arrancarnos las raíces cristianas con las que nuestros países se formaron.

Quizás los abusos de la colonización han herido profundamente a nuestros pueblos. Muchos usaron el cristianismo malintencionadamente para oprimir y sojuzgar, no para liberar y crear pueblos que vivieran y se desarrollaran verdaderamente cristianos.

A pesar de todo todavía quedan esas raíces en nuestro carácter, en la especial amistad que no nos avergüenza expresar, en nuestro calor humano que nos une, de todas las razas y procedencia... En los valores y principios familiares arraigados muy profundamente en nuestras sociedades... En nuestra alegría y música y baile que animan a todos los continentes y países del mundo.

Todo tiene su origen en nuestras raíces cristianas de un Dios que nos quiere. Un Dios que se reveló como padre y amigo, que quería nuestro bien. Un Dios Jesucristo que vino al mundo a enseñarnos cuánto nos quería el Padre, el Jesús que vino humilde y fue perseguido, que dio su vida por nosotros y por nuestra salvación... Y que resucitó, contra toda lógica humana, para demostrarnos que era Dios. Todavía estamos tratando de poner en práctica sus enseñanzas que no son fáciles... Todavía queremos desarrollar nuestros países añorando su reino de paz, de justicia y de amor.

Y ya que nos hemos referido al Padre y a su hijo Jesucristo, no dejemos atrás a la tercera persona de nuestro Dios: el Espíritu Santo. Jesús nos lo mandó para que ese Espíritu nos enseñara y nos ayudara a entender todo lo que significaba su «plan de trabajo». Ese Espíritu es el que nos alienta e inspira, el que nos hace crecer honestos y en la verdad, el que nos hace unirnos y trabajar como seres humanos y no como animales. Dios respeta esa libertad con que él mismo nos creó. Nunca nos fuerza. Y a pesar de la opresión con que queremos dominar a los demás, inventada y alimentada por nuestro egoísmo, Dios Espíritu Santo sigue trabajando en nuestros corazones. ¡Seamos pacientes con nosotros mismos!

Al Espíritu Santo lo hemos representado en nuestras pinturas latinoamericanas, siguiendo nuestra tradición bíblica, en forma de paloma. Una imagen que nos ha venido muy bien en la historia y hoy también, en este mundo de tanto odio y violencia, terrorismos y guerras. La figura de la paloma, aceptada por todos universalmente, simboliza la paz.

Y volviendo a nuestras raíces cristianas, esa paz sólo puede venir de Dios. Al presentarse Cristo ya resucitado ante sus discípulos su saludo era siempre: «*¡La paz esté con ustedes!*»

¡Qué bien nos viene hoy ese saludo! ¡Qué bien podemos distinguir entre el bien y el mal usando ese criterio! Todo lo que da paz viene de Dios. San Ignacio de Loyola identificaba cualquier pensamiento que venía de Dios con la paz. No puede haber paz si no hay justicia en nuestros corazones y en nuestras sociedades. No hay verdadera justicia si no hay amor.

¡Cuánto nos queda por aprender para realmente desarrollarnos a la luz de nuestras raíces cristianas, pero el Espíritu Santo sigue enseñándonos y haciéndonos entender!... No podemos desesperarnos ni desfallecer, Cristo nos ofrece en los Evangelios una actitud de vida bien clara. Sabemos que Dios Padre nos quiere y nos perdona. ¿Qué esperamos para construir entre todos un mundo más justo y más humano bajo la luz del Dios que nos ama?

13
A LOS QUE NO QUIEREN REFLEXIONAR

Volvemos a insistir en la reflexión. Si hay algo que realmente nos distingue de los animales es nuestra capacidad de reflexionar. Si eliminamos ese valor en nuestras sociedades, ése sería el fin de nuestra civilización en el mundo. Si por egoísmo nos dejamos llevar por la corriente estamos perdidos, pues el reflexionar nos lleva a ser responsables, creativos y a «trabajar». Si por cansancio nos damos por vencidos, perderíamos por completo el sentido de la vida.

Quizás por eso en muchos países de Latinoamérica las grandes masas pueden ser fácilmente manipuladas por algún demagogo de turno que ni siquiera posee los ideales verdaderos para luchar por los derechos del pueblo. ¡Tantos que podrían cambiar las cosas se han dado por vencidos! ¡Tantos están cansados de no ver resultados! ¡Tantos otros que no reflexionan ni razonan, porque no les convendría...! Y a estos últimos queremos dirigirnos hoy.

Con un mínimo de sentido común, nos tenemos que dar cuenta de que ya no hay dónde esconderse. Quizás en el pasado era más fácil echarle la culpa a los demás de las injusticias y de los desastres económicos que todos hemos causado. Hoy, en medio de esta situación de emergencia, no nos queda más remedio que levantar la cabeza, con valentía y sentido de responsabilidad, y colaborar en la solución y reconstrucción de Latinoamérica. Para encontrar soluciones, indudablemente, tenemos que re–encontrar nuestra fe cristiana. Si no es sobre esta base, terminaríamos bien rápido matándonos unos a otros.

Revisando las demás posibilidades, inclusive otras religiones, nos damos cuenta de que ninguna doctrina escapista nos ayudaría hoy en nada. Y debemos incluir aquí no sólo las doctrinas marxistas sino también las sectas fundamentalistas cristianas que endrogan las mentes de los infelices. Esas doctrinas, curiosamente basadas en el odio nunca en el amor, dividen y destruyen nuestras sociedades y envenenan con vanas esperanzas a los sufridos. Esas tendencias siguen hoy atacando nuestras verdaderas raíces cristianas basadas en la actitud que Cristo nos enseñó en los Evangelios hace 2000 años. Pero una actitud de vida cristiana y no de una «frasecita» conveniente que tanto el marxismo como los fundamentalistas cristianos usan por activa y por pasiva. La actitud emanada de Cristo tiene que ser completa, fundamentada en el amor, amor de entrega a los demás, amor de sacrificio, esfuerzo y trabajo.

Y ahí tenemos que confesar que los católicos también nos hemos relegado a un cristianismo de pura conveniencia: escogemos lo que nos viene bien. Hemos sido grandes defensores de la fe sin oír las necesidades de los demás, huyéndole al llamado de ser responsables. Defendemos con gran perfeccionismo nuestras reglas y cumplimientos como hacían los fariseos. Sin embargo, el corazón está vacío. ¡Cuánto criticó Jesús esa actitud! Él fue más que comprensivo con los pecadores, sin embargo fue duro con aquellos fariseos hipócritas que se escondían detrás de la ley mientras su espíritu estaba muy lejos del amor a Dios y al prójimo.

Si hemos hecho esto por ignorancia, pidamos perdón a Dios. Si lo hemos hecho por egoísmo pidamos perdón a Dios, pero también a todos los demás. Sabemos que seremos perdonados. Pero el arrepentimiento exige un cambio de actitud. El despertar a un nuevo amanecer necesita de «un plan de trabajo» poniendo en acción ese amor que nos trajo el perdón.

Y sigamos pensando y reflexionando para no retroceder a la animalidad...

14
LA SITUACIÓN DE LATINOAMÉRICA HA EMPEORADO.

Sigamos buscando soluciones para los problemas que aquejan a nuestro continente latinoamericano. En verdad, los problemas de hoy afectan al mundo entero, pues la llamada «globalización» nos envuelve a todos en una gran amalgama de problemas. Pero ya no hay manera de echarse para atrás. Como dice un refrán muy cubano: «Con esos bueyes hay que arar...». En teoría, la globalización positivamente aplicada, pudiera traer muchísimos buenos resultados, sin embargo hasta ahora parece ser un verdadero fiasco para los países en desarrollo.

Por otra parte el continente latinoamericano aparece relegado a un segundo plano, casi ignorado por los conglomerados de prensa internacional que sólo informan y dan publicidad a las grandes potencias que deciden la economía mundial, no importa si son democráticas o no .

En Latinoamérica, nuestras masas populares siguen huyendo y buscando la tierra de promisión en esos países desarrollados sin reflexionar en las tristes consecuencias que su decisión les puede traer. Estos emigrantes se convierten en los nuevos esclavos, atrapados por sus propias necesidades económicas y sin dignidad ni derechos. Se vuelven víctimas del consumismo y pierden sus principios y valores... ¿Cómo podremos hacerle frente a estas terribles consecuencias con que un mundo globalizado nos absorbe y consume?...

El pueblo judío tuvo el mayor período de madurez que recuerda su historia durante su cautiverio en Babilonia,. Sus sabios e intelectuales, junto con el pueblo, se congregaron a reflexionar... ¿Cómo era posible que este pueblo escogido por Dios, con una promesa y una misión universal, estuviera oprimido y fuera de su tierra en aquella terrible ciudad de Babilonia?...

Y en esa reflexión a la luz de su historia, comprendieron su infidelidad a Dios y el rechazo a su amor. Entonces comprendieron cómo habían fallado tantas veces a aquel pacto de Alianza al que Dios, por su parte, nunca había fallado. El pueblo judío comprendió que quizás algunas veces habían correspondido a ese Dios amante sólo con palabras en sus labios y no con el corazón. Y vinieron uno a uno los profetas que les hicieron darse cuenta de su error, de la relación de amor que ese Dios les pedía: corresponder a su amor y, tan importante como eso, llevar ese amor a los demás, al prójimo, en hechos y realidades.

El pueblo de Israel recapacitó, y reaccionó con tal fuerza que sintieron el deber de anunciar su Dios, no sólo a los babilonios sino al mundo entero. ¡Y escribieron! ... Sobre el ser humano, sobre la sabiduría, sobre la universalidad del mensaje de su Dios, sobre la promesa de Redención para el universo entero, sobre la salvación de todo el género humano... Ya no hablaban de reglas y cumplimientos religiosos, hablaban de una actitud de vida para todo ser humano, una actitud de amor y comprensión.

¿Podremos nosotros aprender algo de esta experiencia? ... ¿Podemos hoy aplicar estas enseñanzas a nuestros países y pueblos latinoamericanos? ... ¿Podremos cambiar nuestro corazón, cada uno de nosotros, y transformarnos en luz para disipar tanta tiniebla?...

¡Tratemos! Ya tenemos a Jesucristo entre nosotros, tenemos sus palabras y sus enseñanzas. Lo tenemos a El mismo que nos aseguró que iba a estar con nosotros hasta el fin de los siglos... Si no lo conocemos todavía ni conocemos sus enseñanzas, ya es hora de despertar y de reaccionar. Sólo esa fe profunda puede proveer soluciones a nuestros problemas latinoamericanos y a los del mundo entero.

15
¡CREZCAMOS EN CONCIENCIA!

El mundo de hoy y los problemas que nos afectan, especialmente en Latinoamérica, nos están haciendo despertar de nuestro letargo. Estamos entrando rápidamente en una nueva dimensión.

Algo así pasó en Europa al terminar la Edad Media y el despertar del Renacimiento. De una mentalidad de rebaño con que hemos vivido por muchos años, estamos renaciendo a una nueva conciencia. Tanto en lo individual y personal como en lo social y universal, el mundo está reflexionando, preguntando, investigando… De esto saldrán muchas teorías, algunas absurdas y disparatadas. Al encerrarnos en nuestros propios problemas tendemos a perder la visión general y universal de este mundo pluralista en que vivimos. De ese encerramiento vienen los racismos, el odio de clases, las guerras y los fanatismos. De estas equivocaciones se está sufriendo bastante en los tiempos presentes.

Al encerrarnos no escuchamos los problemas de los otros, ni siquiera la voz de Dios que nos viene a través de todos con la Encarnación de Dios en la humanidad con Jesucristo. Si hacemos un esfuerzo y tratamos de entender las palabras de Jesús en los Evangelios, no podremos nunca ser fanáticos ni estrechos de mente. Hoy la Iglesia nos invita a pensar constantemente y, al crecer en conciencia, nuestra vida se vuelve una vertiginosa y dinámica aventura. Vemos cómo la Iglesia se ha convencido en adoptar la pedagogía del mismo Cristo en los Evangelios: hacernos pensar como personas vivas creciendo en conciencia. Los últimos Papas han pedido perdón por errores del pasado, sobre todos en la Edad Media. Y hoy vuelve, no a imponer obediencia ciega, sino a hacernos pensar y reflexionar y a ser responsables con el amor que Dios ha implantado en nuestros corazones.

Son nuevos tiempos, y tenemos que reaccionar, despertar y movernos ya en este tercer milenio. No podemos seguir viviendo y escondiéndonos como en la Edad Media. Tenemos una riqueza de historia que nos da una fuerza tremenda con esa visión positiva de la vida que sólo el cristianismo nos otorga por tradición. Habiendo aprendido del pasado, inclusive de nuestros errores, debemos de mirar hacia el futuro y ponernos «en forma» para afrontar los problemas del presente.

Nuestra Latinoamérica tiene una cultura y tradición riquísima. Tenemos integración de razas, aunque todavía en evolución. Tenemos la herencia de la cultura europea coloreada con nuestras propias culturas indígenas. Tenemos una tradición cristiana basada en la familia y la amistad, valores casi desaparecidos en otras partes del mundo. Por nuestro cristianismo, estamos constantemente invitados a participar en el desarrollo de nuestras sociedades, a buscar soluciones que no olviden el ser humano en toda su dignidad y expresión. En fin, tenemos los ingredientes, más que ningún otro continente, para encontrar respuestas que salven a la humanidad en peligro.

Pero para ser realistas, tenemos que aceptar nuestro propio egoísmo humano. Tenemos que controlarlo y hasta vencerlo para, con humildad, poder encontrar respuestas y soluciones prácticas.

No ignoremos nuestros defectos, no nos dejemos vencer por nuestros propio vicios. Cristo confió su mensaje de salvación a un grupo de hombres y mujeres comunes de su tiempo. Estos llevaron su mensaje con pasión y lo proclamaron con sus propias vidas. Y convirtieron el poderoso, materialista y ya decadente Imperio Romano. En este nuevo Renacimiento, llenémonos de aquella fuerza de los primeros cristianos que también llenó a tantos renacentistas para salir del oscurantismo de la Edad Media. ¡Dios está con nosotros siempre!

II

CULTURA LATINOAMERICANA

16
MADUREZ O INMADUREZ DE LA CULTURA LATINOAMERICANA

Nos decía Carl Jung, el famoso psicólogo y escritor del siglo pasado, que *«la madurez trae la cultura»*. Jung decía que el ser humano después de los cincuenta años de edad era que podía ya *«legar cultura»*. Después de estudiar, encontrar una posición activa en la sociedad y vivir experiencias, era entonces que la persona humana era capaz de dejar una huella en la historia del mundo.

Jung se refería no sólo a la madurez individual sino también a la madurez social de los pueblos Aunque nuestra civilización occidental parece que sólo da importancia a la juventud y al *«producir del joven adulto»* sabemos que, bajo la superficie, son las personas maduras con sabiduría y experiencia las que realmente siguen moviendo al mundo. En las civilizaciones antiguas las sociedades estaban regidas por un consejo de ancianos. Los libros ayudan y la energía juvenil también, pero la verdadera sabiduría sólo llega con los años. Las experiencias pasadas incluyendo los errores, contribuyen activamente a una reflexión pausada, analítica de lo que realmente es historia, tanto personal como social.

Socialmente también la «edad» es muy importante. Nuestros países de la América Latina son mencionados como países jóvenes, y realmente lo somos en comparación con otros países cuyas historias se remontan a la antigüedad prehistórica.

Pero realmente nuestros países ya no son tan jóvenes. Nuestra historia ya pasa de los 500 años, sin contar con las culturas indígenas algunas de las cuales se remontan también a la antigüedad. Como todos los pueblos, hemos cometido muchos errores y los seguimos cometiendo, pero la edad madura de nuestros pueblos ya se puede reflejar en nuestra cultura que podemos definir como *'continental'*.

Latinoamérica es única por su historia, su integración de razas, su dependencia de Europa por varios siglos y por su independencia y adquisición de una mentalidad nueva y diferente. Es curioso comprobar cómo todos los movimientos independentistas surgieron ya de los propios hijos de emigrantes europeos. Ya no se llamaban europeos, aunque tuvieran 100% de sangre europea, y querían independizarse de Europa. También el mestizaje, que nunca ocurrió en los Estados Unidos de Norte América, ayudó a componer culturas bien definidas con pensamiento propio, manifestaciones artísticas propias. Las culturas de Latinoamérica están ya bien definidas.

Sin embargo, hoy vemos que las diferencias sociales y económicas nos dividen, quizás influenciados por países más desarrollados cuyo materialismo contagia. Realmente tenemos que reconocer que hay verdadera injusticia en la mayoría de nuestros países. Tenemos que reconocer que existe todavía una inmadurez política que produce dictadores cuya demagogia confunde a muchos y manipula a todos.

Hoy vemos cómo, desde fuera, tratan de dividirnos usando la misma religión, con ideas extranjerizantes, fundamentalismos que son realmente opio del pueblo para mantenerlo contento y no pensar ni cuestionar los problemas sociales y las injusticias. Sectas llamadas cristianas no se cansan de atacar a la Iglesia, que ha sido la única que defiende a los pobres y que trata de desarrollar a los que se han quedado olvidados en el camino.

Y es la Iglesia la única institución que además de enseñarnos nuestros derechos y deberes, nos invita hoy a reflexionar, a aprender de los errores del pasado, a no escapar ni huir de nuestras responsabilidades. Jesucristo nos dejó los Evangelios para hacernos pensar. Reflexionemos pues, con nuestra sabiduría de siglos, con nuestros errores presentes para construir verdaderamente una cultura latinoamericana.

17
LA SABIDURÍA DE LOS AÑOS...

Como decíamos la semana pasada, la cultura propiamente dicha viene con los años de experiencia. Esta experiencia se va desarrollando tanto en nuestra historia personal como en nuestra historia universal. Las enseñanzas, los errores, las penas y trabajos, las alegrías y momentos de inspiración, todo se va asimilando e integrando en nuestra mente personal y también la social. La vida no es una serie de sucesos encadenados uno tras otro sin sentido, sino una elaboración continua donde todos los sucesos son asimilados por nuestra mente pasando por las dimensiones de nuestra niñez, adolescencia y poco a poco en la adultez.

Así ha ocurrido en nuestra cultura latinoamericana de 500 años. La historia nos ha hecho integrar miles de sucesos que nos invitan a reflexionar. Bajo esa luz, todo cobra sentido. Hemos ya reflexionado sobre el encuentro de la cultura indígena y la colonización europea, el desarrollo de una mentalidad nueva que llega a producir la independencia de Europa con una idiosincrasia completamente nueva y distinta.

Pero la llegada al tercer milenio, cuando la injusticia y los contrastes económicos y sociales todavía nos escandalizan, tiene que afectarnos profundamente. Sobre todo, porque no hemos podido aplicar a cabalidad ese cristianismo de amor y comprensión que los misioneros vinieron a anunciarnos. No entendemos las dictaduras ni la corrupción general que hoy existe, no entendemos la injusticia causada por el egoísmo o la negligencia culpable o no culpable.

Pero, al igual que revisando nuestras vidas personales no podemos ignorar todo lo que ha influido en ellas, no podemos nunca sacar esos sucesos fuera de contexto. ¡Que difícil es explicarle a los demás nuestros problemas sacándolos de contexto! Pero tal parece que esta tendencia es muy propia de estos tiempos en que la reflexión, el análisis, el estudio histórico, se pasan por alto. Hasta parece que cualquier anunciador de televisión tiene más credibilidad que todos los estudios de siglos. Una revista o un periódico, sin ningún fundamento, pueden cambiar la historia comprobada y nadie razona ni protesta. Salen al mercado películas y novelas que tergiversan la historia de siglos con ideas absurdas, resaltando y aislando hechos históricos fuera de contexto.

Recientemente una novela llevada a la pantalla que, entre otras ideas históricamente ridículas, nos trae la interpretación de que fue el emperador romano Constantino en el siglo IV quien *«inventó»* que Cristo era el Hijo de Dios ... ¿Cómo es posible que se puedan ignorar siglos de historia, de Evangelios, de estudio, de testimonio de apóstoles y de hombres y mujeres que fueron al martirio por los tres siglos anteriores solamente por defender su fe?... Sin embargo, una novelita de *«suspenso»* siembra dudas y llega a confundir en un mundo que está cada día más hambriento de fe y de espiritualidad. Por supuesto, esta novela y su película dejarán una espectacular ganancia económica a su autor y a las compañías cinematográficas...

¡Qué fácil es atacar a la Iglesia que a pesar de su tormentosa historia es la única institución existente que proclama el amor, la justicia y la comprensión! Una Iglesia que denuncia el mal y anuncia el bien. En un mundo donde el dinero está sobre los principios y valores. Un mundo que esclaviza a los países pobres y que fomenta la guerra por motivos económicos. Un mundo desmoralizado y confuso.

Frente a la deshumanización actual en todos los niveles, nuestra fe en Cristo nos vuelve a reanimar e inspirar. Y ese Dios que vino a redimir a la humanidad y llevarla a la plenitud de su dignidad humana y espiritual nos invita hoy a poner en acción nuestra fe. ¡Estudiemos nuestra historia en todo su contexto! ¡Reflexionemos y aprendamos de nuestros errores! Nuestra fe y nuestra cultura cristiana nos invitan a ser valientes y a seguir transformándonos.

18
RINOCERONTES EN PENTECOSTÉS

Nuestro Papa Benedicto XVI, comprendiendo la falta de profundidad del mundo de hoy, se ha dispuesto a hacernos pensar y reflexionar. Sólo así podremos resistir al peligro existente de *«convertirnos en rinocerontes»,* como en la obra de Eugène Ionesco (1912-1994), autor teatral francés, máximo exponente del teatro del absurdo. La superficialidad y el libertinaje del mundo de hoy están convirtiéndonos en verdaderos animales que sólo funcionan por sus instintos.

A esa situación tan grave no podemos responder sólo con pías devociones religiosas. Necesitamos vivir nuestra fe a cabalidad. Y para crecer en la fe es imprescindible conocer los Evangelios que nos enseñan la actitud de vida que Jesucristo vino a enseñarnos. Quizás nos hemos quedado con las hojas y las flores y no reparamos en la importancia del tronco y las raíces de nuestra fe. Por esas raíces y ese tronco recibimos la savia que nos da la vida. Y esa vida es Cristo que nos nutre y nos transforma.

Jesús nos dejó aparentemente solos después de su Ascensión al cielo. Nosotros todos, como Iglesia, teníamos que completar esa misión que Jesús nos asignó. Esa misión era llevar su Reino de Paz y justicia a todos los rincones de la tierra. Estamos todavía lejos de establecer el Reino de Dios en este mundo caótico en que vivimos. Cada día nos enteramos de un nuevo horror que nosotros, seres humanos libres, somos capaces de cometer. Nos agobia la responsabilidad de anunciar ese Reino en medio de tanta maldad, de tanta desmoralización de tantos y la apatía de otros. Nos asusta reconocer que somos mensajeros de ese Dios que nos instruyó y nos dejó encargados de desarrollar su Reino, y por eso nos es más fácil refugiarnos en pías devociones. Las devociones nos deben de guiar hacia Cristo, o hacia Él por intercesión de María su Madre... Pero muchos se quedan en una superficialidad que raya con la superstición.

Para otros, ha sido más fácil seguir reglas al pie de la letra que crecer en conocimiento personal de ese Cristo, amigo y Dios, que nos exige responsabilidad... ¿Miedo a encontrarse con Dios personalmente?...Todos los últimos Papas nos han insistido en la oración y los sacramentos que nos llevan a ese conocer a Cristo, al Dios personal. Y el Papa Benedicto nos está invitando a profundizar más en nuestra fe, para que no nos quedemos infantilmente en meras reglas y devociones. En este tiempo de Pentecostés recibimos otra vez al Espíritu Santo. Jesús no nos dejó solos. El nos dejó al Espíritu Santo para inspirarnos y ayudarnos, para darnos su fuego que transforma el mundo.

En aquel día de Pentecostés estaban todos los discípulos con María, madre de Jesús, todos en oración. De pronto se oyó como un ruido de viento que estremeció la casa, sobre la cabeza de cada uno se posaron como unas lenguas de fuego y todos recibieron al Espíritu Santo. ¡Y los cobardes se convirtieron en valientes! Salieron de la casa donde estaban escondidos y comenzaron a predicar a Cristo en todas las lenguas e idiomas, desafiando a todos aquellos que los perseguían.

Llenos de fuerza, comenzaron la revolución pacífica más grande que registra la historia. Fueron a todos los confines de la tierra anunciando la buena nueva y en pocos siglos llegaron a convertir el poderoso imperio romano, ya decadente, donde el estilo de vida era completamente contrario al mensaje que ellos predicaban. Pero la buena nueva del amor conquistó la decadencia del poder, del odio y de los placeres e instintos animales que reinaban en Roma.... *¿Tiempos similares a los presentes?* –¡Recibamos al Espíritu Santo!...

19
UNA NUEVA ETAPA EN EL PENSAMIENTO DE LA IGLESIA

Cuando parecía que en el mundo de hoy el catolicismo se había entibiado, el Papa Juan Pablo con su gran carisma y santidad atrajo otra vez a los jóvenes que parecían haberse dispersado, instigados por tanta propaganda de consumismo, diversión, y placer adolescente e irresponsable. A la muerte de Juan Pablo, millones volvieron su mirada hacia ese Papa afable y cariñoso, un Papa que parecía haberse quedado solo en su imagen de líder espiritual de todo el mundo.

En este mundo regido por el poder y la economía, Juan Pablo con toda valentía había denunciado las injusticias, la guerra, los abusos y las diferencias sociales que se agravaban cada vez más. El hablaba la verdad, gustara o no gustara, en contraste con los líderes políticos mundiales cuyas declaraciones parecen obedecer a sus propias y variables conveniencias siempre con un trasfondo político y económico.

Y todos comprendieron que en un mundo dominado por la mentira, había una voz que siempre decía la verdad. Al morir Juan Pablo el mundo entero le rindió masivamente su expresión de agradecimiento y admiración.

Y el Espíritu Santo nos ha mandado ahora a Benedicto XVI que, como decíamos, se ha empeñado en hacernos reflexionar y razonar para poder conocer mejor nuestra fe y la responsabilidad que ésta nos demanda a cada uno en el mundo de hoy, con la crisis de principios y valores en todos los niveles que nos está animalizando y consumiendo. No podemos quedarnos solamente a nivel de devociones y prácticas religiosas, muy significativas para muchos pero tristemente equiparables a meras supersticiones para otros.

Jesucristo, hijo de Dios, explicó y actuó su profundísimo mensaje. Nos hizo reflexionar y pensar con sus parábolas y su vida. No hubo nada de superficialidad en su mensaje, sino la enseñanza de una actitud de vida a seguir, personal y socialmente. Cristo nos enseñó una doctrina que va por encima de todo sistema social, político y económico, pero que también incluye esos niveles. Su doctrina está centrada en la dignidad de los seres humanos a los que Dios les ha dado un carácter espiritual, divino y eterno.

Respetando las devociones y prácticas religiosas de siglos, el Papa Benedicto insiste en la educación cimentada en la fe que profesamos, el estudio de la historia de la salvación entretejida misteriosamente en nuestra historia humana.

En nuestra Latinoamérica, los cristianos hemos descuidado la verdadera evangelización, tanto de los líderes como de las masas. Nos hemos quedado a la altura de las devociones populares y del miedo al infierno, cuando la riqueza e importancia del mensaje de Cristo nos insistía a los católicos en ser apóstoles, mensajeros activos de un mensaje de salvación. Benedicto no pierde oportunidad de referirse a nuestro deber y responsabilidad, ya sea hablando en el campo de concentración de Auschwits como en todos sus mensajes al mundo entero desde su ventana sobre la Plaza de San Pedro en Roma.

Estamos en el tiempo de Pentecostés. Hemos recibido todos y cada uno –como Iglesia– a ese Dios Espíritu Santo como fuego e inspiración y no simplemente un «calorcito» tenue que se enfría rápidamente en el desabrido ambiente. Cristo nos dijo: *«Fuego he venido a traer sobre la tierra, y qué quiero sino que arda»*. Sigamos poniendo en práctica nuestra fe escuchando la voz del Espíritu Santo que, como nos había anunciado el Cristo, nos haría entender su mensaje en cada momento. Y demos gracias a Dios por un Papa que con humildad nos instruye y nos enseña.

20
LATINOAMÉRICA RECIBE AL ESPÍRITU SANTO

¿Qué significa el Tiempo de Pentecostés en Latinoamérica?... Repasemos de nuevo nuestra historia de cómo llegó al cristianismo a la América hace 500 años. Hoy en día nos es difícil comprender, fuera de aquel contexto histórico, político, económico y social, el impacto que causó en los europeos descubrir que existían pueblos desconocidos.

Ya se conocían los pueblos del oriente y las riquezas de la China, el Japón y la India. La América 'desconocida' colocada en el medio, fue confundida con esos pueblos del oriente y por eso equivocadamente se llamó «indios» a sus habitantes. Los españoles se escandalizaron al observar costumbres muy diferentes. Cuando llegó Hernán Cortés a México se estaban celebrando festivales al *'dios sol'* en cuya pirámide se sacrificaban 14,000 jóvenes cuya sangre corría como ríos escaleras abajo. Muchos de los conquistadores acusaban a los indígenas de salvajes, de que no eran seres humanos y que no tenían alma.

Sin embargo los misioneros defendieron con vehemencia a esos «indios» y llevaron el grito de justicia a España, a la Reina Isabel la Católica. En el faro a Colón en Santo Domingo, República Dominicana, aparece en un costado el párrafo de una carta de Isabel exigiendo que se tratara bien a los indios y se respetara su cultura y sus costumbres. Los misioneros evangelizaron tanto a los indios como a los españoles. A los unos para que dejaran sus costumbres bélicas y de canibalismo, a los otros para que dejaran su actitud de conquistadores y respetaran la dignidad de los indígenas a quienes los misioneros anunciaron la buena nueva del cristianismo y los bautizaron con el Espíritu Santo.

Y desde entonces oficialmente entró el Espíritu Santo en nuestra Latinoamérica. Se empezó a vivir el Pentecostés, un nuevo proceso en nuestro evolucionar histórico. Equivocadamente, creemos que al tener al Espíritu Santo ya automáticamente llegamos al cielo, pero el Espíritu Santo viene como todo en la vida: en un proceso de tiempo. Jesús nos lo mandó para que nos hiciera entender, para que nos enseñara. Bien sabemos lo que cuesta aprender personalmente, el esfuerzo, los golpes, el crecer en experiencia. Y así ha ocurrido en la historia de Latinoamérica. Durante 500 años nos ha costado sangre, sudor y lágrimas entender la vida, la historia, y nuestra responsabilidad en ella incluida.

Tenemos los ejemplos de grandes patriotas que lo dieron todo por la libertad de los oprimidos y por construir un mundo mejor. Pero también tenemos los tristes ejemplos de gobernantes déspotas, dictadores y abusadores del pueblo. Nos deprime ver hoy en día tiranos que son capaces de todo por mantenerse en el poder y otros con campañas demagogas por alcanzar ese codiciado poder. Todavía nos queda mucho por entender y aprender...

Sin embargo, el Espíritu Santo sigue su trabajo misteriosamente desde dentro. Y su soplo lo sentimos cada uno en nuestros corazones. Lo sentimos universalmente, a pesar de nuestros sistemas deshumanizadores que nos esclavizan tanto con la economía como con la desmoralización organizada. Se nota más que nunca un hambre de lo espiritual. El Espíritu Santo no descansa en inspirarnos para pensar y reflexionar en nuestro propósito de la vida. No somos animales, no podemos vivir sólo de instintos.

En ese despertar que el Espíritu nos inspira, abrimos los ojos a un nuevo amanecer. Y nuestra América Latina se vuelve otra vez *el continente de la esperanza,* pero no por nuestros gobernantes corruptos o por los demagogos dictadores. Sino por el pueblo de Dios, todos aquellos que reciben al Espíritu y ponen en práctica su inspiración de justicia y de amor.

21
EL ESPÍRITU SANTO SIGUE «FUNCIONANDO»

En la vigilia de Pentecostés, hace varias semanas, cientos de miles de personas se reunieron en la plaza se San Pedro en Roma. Invitados por el Papa Benedicto XVI, grupos de laicos de organizaciones cristianas de todas partes del mundo participaron en una concentración que duró más de seis horas. En la plaza atestada, la gente se desbordó por las calles y avenidas aledañas. Había gente de todas las razas y culturas, de diferentes clases sociales y de todas las edades. Eso es la Iglesia Católica universal e incluyente, luz para toda la humanidad y sal de la tierra,

Allí se hizo oración, cantando o recitando salmos. Se pudieron escuchar las inspiradas palabras de hombres y mujeres laicos fundadores de diversos grupos que se extienden por todo el mundo llevando el mensaje de amor y justicia de Cristo.

Nuestro Papa nos habló del Espíritu Santo para el mundo de hoy. Y entre otras ideas se refirió al vacío en la juventud constantemente asediada por la propaganda materialista de vivir el momento, dar rienda suelta a los instintos sin pensar ni reflexionar y ni siquiera indagar un poco sobre el propósito de la vida. Recientemente en un diario europeo apareció publicada la carta de un joven de diecisiete años de edad. El decía que su propósito en la vida era tener sexo con la mayor cantidad de gente posible, y a los cuarenta años suicidarse cuando ya no pudiera hacerlo más...

El Papa nos hablaba en esa vigilia de Pentecostés de la triste realidad de tantos jóvenes como éste que se dejan llevar por la propaganda abusiva del comercialismo y el consumismo que parece tener una sola vertiente: 'no piensen... diviértanse y gocen de la vida en todo momento'. Así le pasó, nos dijo el Papa, al hijo pródigo en la parábola que nos contaba Jesús. Aquel joven le pidió a su padre su parte de la herencia y se fue a disfrutar de la vida. Pero cuando acabó arruinado y cuidador de puercos para poder subsistir, llegó a envidiar a esos animales que vivían mejor que él.

Ese joven de la carta en el periódico se asemeja mucho al hijo pródigo en su primera etapa de la vida, sin embargo se ve que no ha reparado a dónde le conducirá su llamado «ideal». El seguir nuestros instintos sin control, sólo lleva a la animalidad y al vacío. Y al final si llegamos a razonar, por nuestro estado deplorable, envidiaremos a los puercos. Porque los puercos no fueron creados para amar y ser amados, y nosotros sí. Los puercos no fueron creados para ser creativos y *buscar en las estrellas*, y nosotros sí. ¡Que desperdicio y qué vacío para un ser humano vivir como un puerco!

Pero el Papa nos insistió en cómo termina la parábola del hijo pródigo, no con el castigo y el desprecio para ese joven equivocado cuando regresó arrepentido sino con el perdón de un padre que lo esperaba con los brazos abiertos. Así es como tenemos todos que anunciar el Evangelio, no con juicios ni condenas, sino con amor y perdón,

Al observar la multitud que se reunía en la plaza de San Pedro en esa vigilia de Pentecostés, experimentamos un renacer de la esperanza. Aquellos millares de laicos de todas las edades, en familia y en grupos cristianos activos y comprometidos, salieron de allí llenos del Espíritu a todo ese mundo confundido, a llevar la buena noticia, el mensaje de Cristo de amor y de perdón. Sólo así podremos vencer el mal en este mundo. Sólo con amor, comprensión y perdón podremos vencer el odio, la violencia, las guerras, los fanatismos y la desmoralización que quieren destruir la humanidad.

22
LA IGLESIA CATÓLICA
ENTRE DOS FUEGOS

En nuestra serie de programas sobre la cultura latinoamericana, queremos seguir exponiendo los valores y principios peculiares de nuestro continente. La liga de razas y culturas que se produjo al descubrir Cristóbal Colón el continente americano para Europa, no tiene paralelo. Pero nuestra característica más especial es la catolicidad, es el único continente de mayoría católica en el mundo.

Nuestra historia pasada, como toda historia humana, ha tenido sus muchos positivos y sus muchos negativos. Hablemos ahora de nuestro presente y del futuro: la Iglesia católica en Latinoamérica es la única que proclama el amor y la justicia frente a los problemas sociales que nos aquejan.

Por supuesto, esta labor ha producido persecución. Los sistemas políticos injustos tiemblan frente a la denuncia de los problemas sociales, pero también el catolicismo viene siendo perseguido por hermanos cristianos fundamentalistas que proclaman un cristianismo sentimental que no lleva ningún mensaje social. El cristianismo fundamentalista da pie a la opinión de aquellos marxistas que llamaban a la religión: opio de los pueblos.

¿Será una coincidencia que este tipo de religiosidad ataque a la Iglesia Católica?... Se decía en tiempos del presidente Nixon que el gobierno de los Estados Unidos había subvencionado a estas iglesias con millones de dólares. *Primero*, para impedir que la Iglesia Católica continuara su labor concientizadora. *Segundo*, para promover esa religiosidad interior que no «molesta» a los gobiernos injustos al no hacer que la gente piense en los problemas sociales.

Desde entonces se ha notado una proliferación de iglesias evangélicas con toda clase de nombres irreconocibles que se dedican a hacer proselitismo con grandes recursos económicos. Estas iglesias acosan incesantemente a la Iglesia Católica y al Papa con toda clase de improperios. Fue muy triste cuando nuestro santo Papa Juan Pablo II visitó hace unos años la República Dominicana. Estas iglesias evangélicas comenzaron una campaña masiva por radio, televisión y carteles por las calles presentando al Papa como la «bestia» del Apocalipsis...

Si hay algo que se le puede echar en cara a la Iglesia en nuestros países es el no haber hecho lo suficiente por enseñar la doctrina de Cristo. Quizás se pudiera haber evitado los contrastes y las injusticias sociales que claman a Dios, temas jamás tocados por los fundamentalistas evangélicos. Quizás se pudieran haber evitado las dictaduras de derechas o izquierdas que nos han aplastado.

La Iglesia Católica por denunciar las injusticias sigue produciendo mártires, como en Cuba los jóvenes estudiantes que murieron ante el paredón de fusilamiento, gritando ¡Viva Cristo Rey! bajo el gobierno marxista–leninista. También en El Salvador sacerdotes, religiosas y laicos que han sido asesinados por grupos paramilitares del gobierno.

El catolicismo no sólo denuncia las injusticias, sino también anuncia el Reino de paz, justicia y amor, como nos enseñó nuestro Señor Jesucristo. Por eso él mismo sufrió persecución y martirio. Sin embargo de ahí vino la resurrección y la redención de todo el género humano con una revolución pacífica, centrada en el amor: la única revolución que no terminará en otro sistema más opresivo que el anterior como lo han sido todas la revoluciones que recuerda la historia.

Defendamos nuestra fe y tradición con orgullo y valentía, pero con la humildad, la comprensión y el amor que nos enseñó nuestro Señor Jesús.

III

CULTURA Y FAMILIA

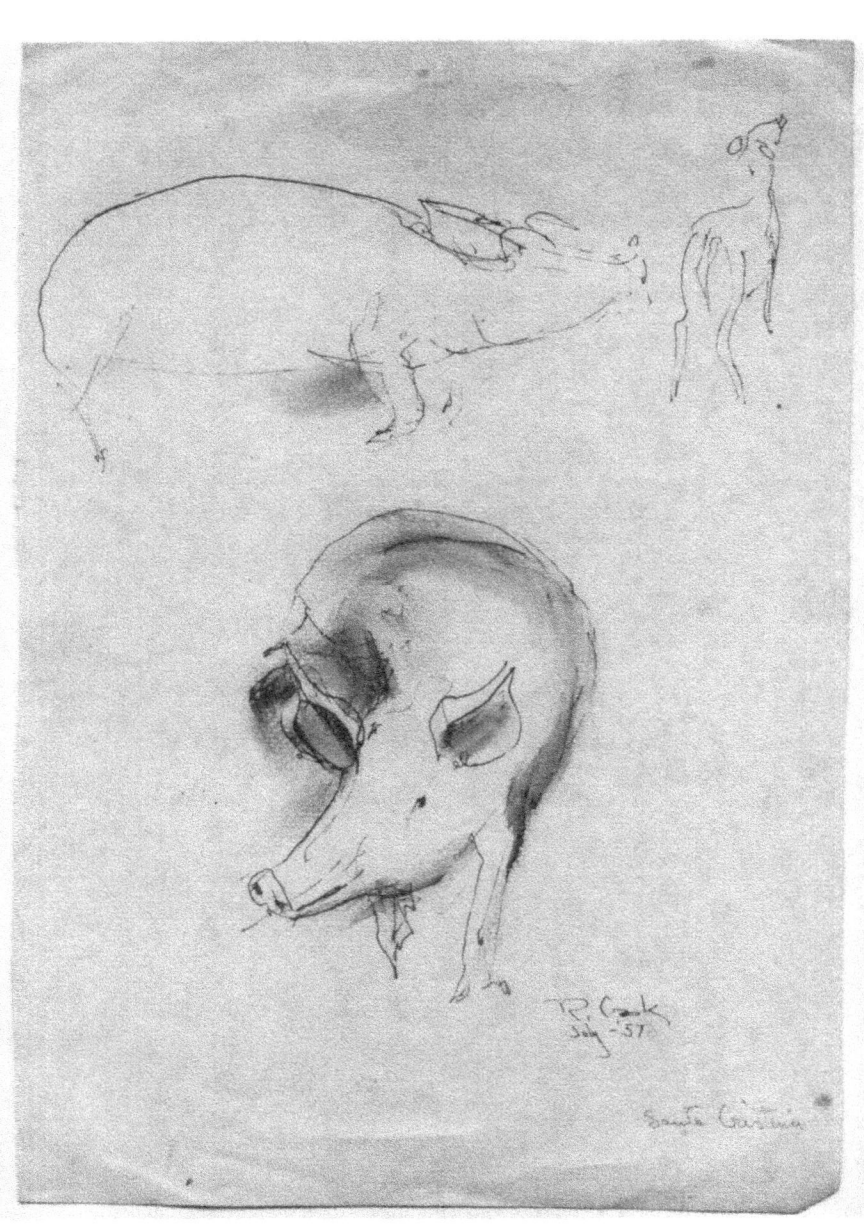

23
¡EN NUESTROS PAÍSES LATINOAMERICANOS TODAVÍA QUEDA FAMILIA!

Esta semana pasada se celebró en Valencia, España, el V Encuentro Mundial de la Familia, que fue honrado con la presencia de nuestro Papa Benedicto XVI.

En el mundo preferentemente consumista de hoy, tal parece que todos los principios y valores tradicionales han sido sustituidos por el dinero. Sin embargo, todavía en Latinoamérica la familia persiste con verdadera relevancia, aún entre los que han emigrado a países del primer mundo.

Los medios de comunicación de hoy en día nos dan a conocer la tragedia mundial de la desintegración de la familia en casi todas las culturas del mundo. Por una parte tenemos países fundamentalistas islámicos donde el valor de la mujer sigue apareciendo subestimado. La mujer carece de derechos y es usada simplemente como productora de hijos varones. Esas culturas medievales que arrastran costumbres denigrantes e injustas en contra de la mujer, no tienen sentido en el mundo de hoy.

La familia está fundamentalmente apoyada en la madre, como educadora, formadora social de los hijos e hijas, principio de una salud mental basada en el amor. Solamente el amor de una madre con su paciencia casi infinita puede preparar hijos sanos para el mundo pluralista tan complejo en que vivimos.

Por otra parte, en nuestras culturas occidentales el divorcio, la violencia doméstica, las madres solteras y la promiscuidad reinante atacan íntimamente la constitución de la familia. En los países consumistas, la carrera desenfrenada por hacer dinero llevan al padre y a la madre a trabajar fuera del hogar. Muchas veces hacen esto para poder subsistir y poder mantener a los hijos. Pero otras veces lo hacen sólo por alcanzar un estilo de vida fantasioso que se nos ha vendido como «felicidad» por los medios de comunicación. Los hijos se crían sin disciplina, sin cariño ni amor, expuestos a la corrupción y desmoralización de la calle. Los padres, al llegar cansados del trabajo, no tienen energía ni valor para educar ni guiar a sus hijos y se resignan a complacerlos en todos esos caprichos y «necesidades» que el consumismo les ha vendido.

En nuestros países latinoamericanos tristemente contamos también con el machismo que, a diferencia de las culturas islámicas, provoca una desmesurada devoción por la madre, único puntal de la familia. El padre, si no está ausente, se comporta como un verdadero e irresponsable adolescente. Esta glorificación de la madre, sin la presencia del padre puede ser muy dañina en la formación de los hijos, pues parece perpetuar el machismo. Los hijos varones ven a la mujer sólo como una madre amantísima y no como esposa y compañera, por eso tienden irónicamente a continuar su papel de adolescentes irresponsables.

Para que exista una familia sana debe haber una madre respetada y apoyada, por no decir amada responsablemente, por su marido. Es necesario que haya un padre también responsable con sus hijos. Puede haber honorables excepciones de madres o padres que por una u otra razón se han quedado solos y han hecho una labor titánica criando a sus hijos. Pero por lo regular hacen falta los dos, el padre y la madre comprometidos y trabajando con amor y respeto mutuo por la crianza y educación de los hijos.

No podemos ignorar que la familia extendida ya casi no existe. Los abuelos, tíos, tías, y primos tenían un valor extraordinario en la formación de los hijos. Eso se va terminando y hay que prepararse para nuevas formas y estructuras sociales. Y ahí nos viene la importantísima contribución de nuestra fe cristiana.

Los Evangelios de Jesucristo nos enseñan una actitud de vida de amor y respeto. Nuestra Iglesia y las activas agrupaciones parroquiales, colegios y escuelas, promueven esos valores fundamentales de familia, amistad, sociedades sanas y humanizantes . ¡Tenemos que salvar nuestras familias!

24
¿FUNCIONA LA FAMILIA TRADICIONAL EN EL MUNDO DE HOY?

En el *V Encuentro Mundial de la Familia* en Valencia, se trataron temas álgidos en referencia a la institución social de la familia. Indudablemente la familia ha sufrido un notable deterioro en el mundo moderno. Las causas de este fenómeno son complejas. Existen tantas opiniones y tantos factores políticos que se entremezclan, que nos vemos alarmados por la confusión reinante. Entre otros factores, está involucrado la discriminación de la mujer que no existe sólo en los países dominados por gobiernos fundamentalistas islámicos. También en nuestras naciones occidentales, quizás en menor escala, la mujer sigue oprimida y maltratada en nuestros sistemas económicos, políticos y sociales. Como hemos dicho antes, la familia se funda en la mujer como madre. Y la mujer esposa junto con su esposo, amándose y apoyándose mutuamente constituyen una comunidad donde sus hijos crecen sanos con principios y valores.

Muchos hoy en día atacan la familia tradicional arguyendo que los cambios históricos exigen nuevas estructuras y formas familiares. Algunos hasta proponen familias constituidas por «matrimonios» homosexuales con hijos adoptados.

No podemos negar que muchas familias tradicionales no funcionan, que sus hijos son ignorados o abandonados física o psicológicamente por sus padres. No podemos negar que la desaparición de la familia extendida, la inexistencia activa de los abuelos y parientes del hogar, la ausencia de los padres por exigencias de trabajo y manutención económica, las presiones psicológicas, todos esos factores contribuyen al fracaso de muchos núcleos familiares a través del mundo.

Podríamos estar discutiendo semanas y semanas sobre los factores que han contribuido al deterioro de nuestras sociedades, en especial de la familia. Sin embargo, no damos importancia suficiente a la causa principal de todos estos males. Y si buscamos nuevas soluciones pasando por alto esa causa principal, no haremos más que perpetuar estos males con nuevos tonos y colores.

Hablamos del egoísmo humano. Un egoísmo con el que nacemos como instinto de conservación, pero que si no lo vamos controlando, domesticando y sublimando, nos llega a dominar y hacernos verdaderos monstruos. El egoísmo es la causa de la incomprensión entre los esposos, de la irresponsabilidad en el cuidado de los hijos, de la falta de una seria entrega personal al constituir una familia. El egoísmo nos separa, nos aísla y nos destruye. El egoísmo es la causa de nuestra falta de paciencia, de nuestra terquedad, de nuestra ceguera a ver las necesidades de los demás, a hacernos capaces de perdonar o aceptar el perdón. El egoísmo es la negación del amor.

No puede haber matrimonio sin el amor. No puede existir ninguna forma de amistad, ni relación humana permanente con los demás sino está basada en el amor. No puede funcionar la familia si no es por el amor real, adulto y práctico. Inventemos lo que inventemos, si nuestras soluciones no están fundamentadas en el amor, nunca funcionarán. La mayoría están basadas en el egoísmo. Si estuvieran centradas en el amor serían más consecuentes con la sociedad en general y no ofrecer soluciones absurdas, hirientes y faltas de respeto a la sensibilidad de los demás. Si estuvieran abiertas al amor, de verdad, no esgrimirían consignas políticas ofensivas al bien común y hasta a la historia de nuestra civilización. El comunismo quiso destruir la familia y quedó en ridículo destruyendo la sociedad entera.

Tenemos todos que encontrar soluciones que mejoren nuestro mundo para que no vengan generaciones más traumatizadas en el futuro. Jesucristo nos dejó responsables de construir su reino de paz, justicia y amor. Sólo el amor salvará nuestro mundo por medio de la familia.

25
VIVIR EN FAMILIA NO ES FÁCIL

Alguien dijo una vez jocosamente: *«Muchos más mueren de familia que de ningún otro mal...».* Y es verdad, vivir en familia no es fácil. Cuesta esfuerzo, sacrificio y trabajo. Pero ¿no será por eso que la familia es la mayor y la mejor escuela para la vida? ... Todo en la vida es difícil y cuesta esfuerzo, sacrificio y trabajo. Pero eso nos hace personas. De niños, inocentemente egoístas, vamos creciendo. A través de la adolescencia nos vamos desarrollando como entes sociales capaces de aprender, crear, volvernos seres útiles para la sociedad. Ese desarrollo nos lleva a una verdadera libertad humana que nos hace independientes, aunque responsablemente dependientes de los demás.

El adulto es ya capaz de tomar decisiones libremente pero siempre contando respetuosamente con los demás, formando grupos y comunidades. Este proceso, como decíamos, es difícil. Sin embargo, ¡qué bien nos sentimos cuando ya podemos ser parte de una sociedad! Sobre todo, sin haber perdido nada de nuestros valores individuales, al contrario, habiendo definido más nuestra personalidad.

La familia, con sus tira–y–encojes nos ha preparado para la vida, nos da el primer empujón para ser lo que somos o lo que debemos ser. Del nido salimos a volar, y si nos escachamos en el primer vuelo hemos aprendido a volver y a tratar una y otra vez. Para eso han servido nuestras peleas de niños, nuestras rebeldías y desobediencias, los castigos y reprimendas de nuestros papás, nuestro aprender a reflexionar poco a poco en nuestra vida de familia. Sin darnos cuenta, ¡hemos aprendido a amar!

No se puede sustituir la familia con ninguna otra estructura humana, menos todavía cuando hoy se pretenden soluciones artificiales tanto como superficiales.

Sí, es verdad que muchas familias han fallado. Cada día se encuentran más familias que no funcionan, o como se les llama: 'familias disfuncionales'. A ese deterioro han contribuido los movimientos históricos con guerras, la revolución industrial, los abusos sociales, económicos y políticos por gobiernos malos, revoluciones «redentoras» que han terminado en peores y penosas dictaduras. Tanto los sistemas capitalistas como los socialistas o comunistas han atentado y atentan contra la familia. Y el resultado es palpable, sobre todo en nuestras grandes ciudades

¡Qué triste es ver por las calles de cualquier ciudad a tantos jóvenes traumatizados y destruidos por la delincuencia y el vicio! ¡Qué escándalo para nuestros jóvenes latinoamericanos emigrantes llegar a países supuestamente desarrollados donde la juventud sólo piensa en divertirse sin conciencia? ¡Cuánto trauma, y cuánta soledad el caer en una animalidad sin sentido ni propósito! Lo peor es que muchos de estos emigrantes caen en lo mismo, olvidando los principios y valores aprendidos en familia. La juventud parece estar contaminada con una desmoralización que sólo produce una profunda y alienante soledad.

Sin embargo, no podemos virar la espalda y quedarnos tan tranquilos. Tenemos una conciencia que nos cosquillea si cobardemente tratamos de huir de la gravísima realidad.

En el reciente *Encuentro Mundial de las Familias* con el Papa en Valencia, se discutió y se trataron los problemas de la familia con representantes de todo el globo. Se plantearon los peligros y se desenmascararon las falsas soluciones que el mundo propone, pasando por alto la verdadera dignidad de la persona humana y por encima del mismo Dios.

Si nos llamamos cristianos, tenemos todos y cada uno que ser responsables atendiendo como emergencia a tantos jóvenes traumatizados en el presente. Pero también tenemos que mirar hacia el futuro y buscar valientemente soluciones para salvar la familia y el mundo, con los pies en la tierra y la mirada en el cielo.

26
NO SE PUEDE VOLVER ATRÁS

Muchos cristianos se cierran a los cambios históricos que siguen ocurriendo en nuestra humanidad. Recordemos la historia del cristianismo que tiene su origen en la civilización hebrea. Esta historia ha sido la constante adaptación a una idea central: *la vida y la humanidad se deben a un Dios creador, que es amor, y que crea a los seres humanos para darles participación en su divinidad.*

Esta idea fue traída al mundo greco–romano por un grupo de hombres y mujeres testigos de la vida, pasión, muerte y resurrección del Cristo, figura enigmática y sorprendentemente universal para aquellos tiempos. Aquellos mensajeros venidos de esa pequeña colonia romana confirmaron su fe con sus propias vidas: murieron mártires. Finalmente el imperio Romano se hizo cristiano y ahí comienza la penosa historia de la formación de la cultura europea que se va entretejiendo con esa idea fundamental que aportaba el cristianismo sobre Dios y el hombre.

Como en todo crecimiento, usando la imagen del ser humano, se fue pasando por diversas etapas, de niñez, de adolescencia y de madurez. Aunque estas etapas siguen mezcladas en todo momento, hoy día podemos ya notar signos de edad adulta. La cultura, la reflexión histórica, la aparición de la ciencia y las ciencias humanas, han ayudado a lograr un pensamiento analítico y una sabiduría de siglos capaces de entender toda esa misteriosa evolución y desarrollo de la humanidad.

Como centro de nuestras sociedades, la célula familiar también se ha ido adaptando a los tiempos. Auque hoy todavía existen culturas en que se práctica la poligamia, el consenso está de acuerdo en que la activa presencia de un padre y una madre es más conducente a la estabilidad emocional y social de los hijos y por consiguiente de la familia total. La familia todavía se considera como condición fundamental para la formación de nuestras sociedades y comunidades.

Aunque muchas familias han sido y son 'disfuncionales', el sentido común nos dice que esa unión familiar es la ideal para el sano crecimiento de nuestras sociedades. Sin embargo, los tiempos siguen cambiando y debemos de buscar también soluciones para tantos casos de personas aisladas y alienadas que no tienen familia.

Como indicamos al principio, no podemos cerrarnos a los cambios históricos que experimenta nuestra sociedad universal. No podemos regresar al pasado e ignorar el crecimiento de nuestra vida urbana. No podemos tratar de volver a la familia rural que desaparece a pasos agigantados.

El Papa Benedicto XVI nos ha puesto a pensar a todos con sus reflexiones sobre la familia en este reciente encuentro en Valencia. Y los representantes de todos los países participantes han aportado nuevas luces a los problemas. No miremos con nostalgia al pasado. Y aunque no se pueda volver atrás, **sí** podemos aprender de los errores del pasado y sus verdaderas causas para mejorar el futuro.

Las familias se malogran siempre por alguna forma de egoísmo humano entre sus componentes. Se necesita una fe y una esperanza, tanto para mantener la familia como célula elemental de nuestra sociedad como para atender a todas aquellas víctimas de familias destruidas. Sólo la fe cristiana, basada en ese Dios que es amor y nos pide que amemos, nos puede dar soluciones. La fe vivida nos hace revalorar la familia y salvar nuestro mundo de la desintegración.

27
¿PACTO DE NO AGRESIÓN DENTRO DE NUESTRAS FAMILIAS?

¡Qué difícil es entender los designios y los diseños de Dios!. Nos da la vida a cada uno y nos crea personalmente individuales. De los millones que habitamos nuestro planeta no hay dos iguales, cada uno es un mundo distinto con cualidades diferentes. Dios nos crea, como dice la Biblia, a su imagen y semejanza, por lo tanto capaces de crear, construir, transformar la tierra, cooperar con El en este mundo hasta el fin de la evolución.

Pero ahí viene su genialidad que puede aparecer como una contradicción: cada uno de nosotros está dotado de un egoísmo que puede echar al traste todas esas cualidades creativas. Al crecer en sociedad, vamos comprendiendo que ese egoísmo debe de ser controlado, domesticado, para poder vivir en armonía con los demás. Nos vamos dando cuenta de que «caemos mal» si damos rienda suelta a nuestro egoísmo individual, si no escuchamos las opiniones o puntos de vista de los demás, si no somos capaces de trabajar juntos y de ayudarnos juntos.

Jean Jacques Rousseau, típico producto de la revolución francesa, en su influyente estudio *Emile (1762),* expuso una nueva teoría de la educación, subrayando la preeminencia de la expresión sobre la represión para que un niño sea equilibrado y librepensador, «crea» un individuo que necesita utilitariamente de los demás y se ve obligado a hacer un pacto de colaboración con los otros para poder convivir. Los cristianos enfocamos la realidad de otro modo. Creemos que en nuestra naturaleza humana somos llamados hacia lo espiritual, nacemos necesitándonos unos a otros con una vocación para el amor que produce verdadera armonía y colaboración. Jesús nos enseñó el mandamiento del amor que, aunque es difícil de cumplir, vive en nosotros como un ideal y un desafío para todos los días de nuestra vida.

En nuestra evolución de millones de siglos, el hombre empieza a fundar sociedades desde la primera célula familiar constituida por la pareja que engendra hijos. Esa familia, unida por la consanguinidad pero también por el crecer juntos, aprender juntos, trabajar juntos, va formando después las tribus, los pueblos y naciones. Y es la familia el origen y base de esas sociedades. En la familia aprendemos a encontrar nuestra propia identificación personal. Gracias a la madre, sobre todo, nos vamos haciendo seres sociales y comprendemos que no estamos solos, que tenemos que compartir con los demás. La base sólida de nuestras familias nos enseña y entrena para la vida. Y conservando nuestra individualidad e identidad personal, podemos integrarnos en los grandes grupos que formamos la sociedad universal.

La familia nos ayuda a buscar explicaciones a esas preguntas fundamentales de la vida que ya desde niños, a veces molestamente, empezamos a expresar. Y la familia entonces nos habla de Dios, de los misterios de la vida, de nuestra condición humana...

El evangelista Juan, aquel muchachito que siguió a Jesús como apóstol, nos grabó su famosa oración de despedida en la última cena: *«Padre, te pido que todos sean uno...»*. Y pudiéramos pensar que Dios se estaba burlando de nosotros. Ese Dios que ha creado la humanidad con una pluralidad sólo digna de él, el Dios que nos hace individualmente únicos, el Dios que nos lanza al mundo egoístas, ahora pide al Padre que seamos uno... ¡Qué contradicción! ¡Menuda tarea que nos queda por hacer!

En el mundo de hoy tenemos que comprometernos a esa misión. Tenemos que transformarnos de una masa de entes individuales, egoístas, capaces de matar, a seres que se amen y se ayuden hasta vivir armónicamente en el reino de paz, justicia y amor que nos anunció Jesús. Tenemos una escuela donde entrenarnos, una familia que nos enseña a conocerse cada uno individualmente, conocer y aceptar a los demás, y por último, a conocer nuestra misión en el mundo.

Hoy más que nunca necesitamos la familia como base dinámica de nuestra sociedad universal.

28
PAUTAS PARA SALVAR LA FAMILIA DE LA EXTINCIÓN

¿Y qué debemos de hacer los que defendemos la familia? –Ya hemos dicho que en nuestro continente latinoamericano, cristiano católico, todavía la familia es lo primero.

En el reciente *Encuentro Mundial de la Familia* en Valencia, España, se dieron pautas para seguir. Después de escuchar las opiniones de familias venidas de todas partes del mundo, se pudieron sacar conclusiones esperanzadoras.

Existe un gravísimo problema, la institución familiar está siendo atacada por muchos factores reales y concretos. La sociedad se atomiza más cada día. Basta ver en televisión algunas series producidas en los Estados Unidos que ya se distribuyen en todas las lenguas por todo el mundo. Estas «comedias» retratan la vida de mujeres solas y hombres solos buscando en el sexo y el cambio constante de pareja, una felicidad efímera que los ayude a vivir un día más. Otros programas siguen la vida de supuestos amigos que también se entremezclan en relaciones sexuales. A veces estos personajes se dan consejos seudo espirituales unos a otros. Lo peor es que son programas muy bien escritos y simpáticos, con actores atractivos y populares.

Lo que los jóvenes televidentes no advierten es que esos personajes aparecen como si nunca hubieran pertenecido a una familia. Sus apartamentos, sus cosas y una vida de constante diversión y supuestos «amigos», eso es todo lo que tienen. La familia aparece ignorada completamente. De vez en cuando se da algún consejo sano y provechoso pero en un contexto tan superficial que nunca puede calar muy adentro. Y este tipo de gente se nos presenta constantemente como el ideal para el tercer milenio, el adulto del presente y de mañana: ¡solo!.

Hace muchos años ya se estudiaba en psicología y sociología que el ideal para el sistema consumista era que cada persona fuera una entidad independiente. Así, lo que antes se poseía en familia ahora cada uno podría adquirirlo y «disfrutarlo» individualmente. Cada uno viviría en su propio apartamento, con su televisor, sus aparatos de música, su automóvil y todas la demás cosas que antes se compartían en familia. Así la gente, cada uno, tendría que adquirir por fuerza más aparatos eléctricos y nuevos inventos para mejorar su calidad de vida… En muchos lugares eso es ya una realidad.

Lo triste es ver la soledad, la alienación que este sistema de vida ha producido en nuestras sociedades urbanas de las grandes ciudades. Se ha querido sustituir la familia por la independencia individual. El resultado es cada vez más catastrófico. Y ni siquiera hemos querido mencionar la influencia del Internet en esta nueva institución individual. Hoy en día hay jóvenes que conocen a otros jóvenes sólo por mensajes del Internet. Se hacen amigos y hasta se enamoran por el Internet.

Otra vez nos preguntamos, ¿qué debemos hacer?... Volver atrás, a la sociedad rural no es ya posible. Pero si solamente estuviéramos conscientes de estos males del presente ya estaríamos dando un gran paso. Porque lo peor es que la mayoría de la gente ni se da cuenta que esto está pasando.

Al conocer los peligros que el consumismo nos trae, podemos, *primero* darle más valor a la familia que todavía existe en nuestras comunidades latinoamericanas. *En segunda*, tenemos todos que encontrar nuevas formas de crear sistemas de grupos de apoyo que suplan la falta de familia.

Ahí tenemos que fortalecer nuestras estructuras parroquiales y nuestros grupos juveniles, de matrimonios y de familia, que ya se están convirtiendo en una necesidad en nuestras grandes ciudades. Estos grupos necesitan de un liderazgo espiritual y no autoritario, no sólo del sacerdote o párroco sino también de laicos, hombres y mujeres comprometidos. ¡El *V Encuentro Mundial de la Familia* nos ha llenado de esperanza!

29
LOS ENEMIGOS DE LA FAMILIA

Nos preguntábamos la semana pasada, contemplando la trágica situación de la familia en muchos países desarrollados del mundo, ¿qué deberíamos hacer?... Aunque en nuestro continente latinoamericano todavía mantenemos la importancia vital de la institución familiar, el ataque constante por la televisión importada nos alarma.

Hablábamos de que si todavía tenemos ese privilegio de vivir y crecer en familia, tenemos una responsabilidad ante el mundo. Al consumismo le conviene esa atomización de la humanidad, así nos pueden vender más productos a cada uno, individualmente. Antes, estos productos se usaban o consumían en familia.

Decíamos que no se puede volver atrás, con nostalgia, a una sociedad rural. Hay que aceptar los cambios históricos y la evolución de los tiempos. Sin embargo, este desarrollo no tiene porqué acabar con la institución familiar. Debemos y podemos revalorarla y reforzarla. Al egoísmo que nos separa y destruye tenemos que hacerle frente con verdaderas células de relaciones profundamente humanas. La familia nos ha provisto y nos provee de esa «escuela» para la vida. La familia nos ha enseñado a amar y a poder vivir con los demás como seres humanos pensantes, no como animales que solamente siguen sus instintos. Si la familia desaparece tenemos que estar preparados para sustituirla con sinceras y profundas estructuras grupales que nos ayuden a entendernos y comprendernos, pero sobre todo a amarnos práctica y realmente con amor de servicio.

Para esto hemos heredado una fe cristiana que sigue enseñándonos la única actitud de vida que puede salvar a la humanidad. Esta actitud de vida nos venía de siglos de historia en el Antiguo Testamento, anunciada por los profetas, corroborada por los sabios, enseñada por generaciones de padres a hijos. Una actitud de vida que el mismo Dios vino a enseñarnos. Y Cristo nos la describió en sus sorprendentes bienaventuranzas. Al ser profunda y responsablemente humanos, nos vamos acercando más a la divinidad y a la eternidad. Aunque nos laven el cerebro con sistemas políticos, económicos y sociales deshumanizantes, ya el mensaje de Cristo lo tenemos grabado en nuestras entrañas. El mensaje de salvación a través de una actitud de amor en servicio, nos llena de una esperanza y alegría que nada ni nadie puede quitarnos ya.

Santos y santas de Dios nos siguen anunciando y enseñándonos nuestra propia responsabilidad. En un mundo envuelto en las tinieblas del odio, las guerras, la injusticia y la irresponsabilidad generalizada, un Francisco de Asís rogaba a Dios:

> *Señor hazme instrumento de tu paz:*
> *Donde haya odio, que yo lleve el amor.*
> *Donde haya ofensa, perdón.*
> *Donde hay discordia, que yo lleve la unión.*
> *Donde haya duda, fe.*
> *Donde haya error, que yo lleve la verdad.*
> *Donde haya desesperación lleve yo la esperanza.*
> *Donde haya tristeza, alegría.*
> *Donde haya tinieblas, lleve yo la luz*

¡Que maravillosa lista de deberes que transformarían al mundo si los cumpliéramos! ... Si todos y cada uno de los que nos llamamos cristianos activáramos los postulados de esta plegaria de San Francisco podríamos realmente transformar la faz de la tierra. ¡Más todavía, si siguiéramos en familia estas pautas, nuestro egoísmo individual y social irían desapareciendo para dar paso al amor! ...

> *Oh, maestro, haz que yo no busque **tanto** ser consolado, sino consolar.*
> *Ser comprendido, sino comprender. Ser amado, sino amar.*
> *Porque es dando que se recibe; perdonando, que se es perdonado; muriendo, que se resucita a la vida eterna.*

30
LA CRISIS FAMILIAR, RAÍZ DE LOS PROBLEMAS POLÍTICOS Y SOCIALES

Hemos estado reflexionando sobre la institución de la familia por varias semanas desde que recibimos la inspiración del *V Encuentro Mundial de la Familia* en Valencia, España. El Papa Benedicto XVI le puso el broche de oro a esa multitudinaria concentración con palabras expresamente orientadas a las familias de todo el mundo en medio de la desvalorización que está experimentando la institución familiar.

Muchos pudieran creer que la crisis familiar es algo secundario a los problemas tan álgidos del mundo de hoy. Sin embargo, si ahondamos en esos problemas nos damos cuenta de que la familia está siempre en la raíz de toda crisis personal y social y hasta política... Los males que sufrimos tienen detrás caras humanas. Es decir, que hay individuos culpables, de buena o de mala fe..

Si de verdad somos honestos, si analizamos descarnadamente los problemas de hoy, los seres humanos que los causan, los movimientos ideológicos que los provocan, y las sociedades materializadas y consumistas que les dan contexto, vemos que de alguna manera los causantes han sido producto de un desgarramiento social. Al no haber sido beneficiarios de una familia estable, los individuos llegan a tomar posturas que ignoran o abusan de los demás sin ningún escrúpulo.

Cuando tenemos elementos extremistas antisociales en nuestras sociedades, podemos estar casi seguros que algo falló en su vida familiar. Si no, busquemos en la historia personal de todos los dictadores que han oprimido y oprimen a los pueblos. Los criminales y delincuentes que pululan en nuestras ciudades parecen tener, todos, ese común denominador. En todos vemos las mismas causas. Podemos estar casi seguros que esos que son dominados por el egoísmo y la maldad, y que sólo buscan su propio beneficio, de principio nunca han podido gozar del amor familiar. Y como ya lo hemos dicho y repetido, esos traumas individuales pueden causar daños irreparables en la sociedad, a sí mismos y a todos los demás

Dios nos creó libres para escoger entre el bien y el mal. Dios, a pesar de nuestro propio egoísmo, nos inspira, nos manda sus señales y mensajes. Sus ángeles y profetas siguen enseñándonos el camino. Sin embargo, Dios respeta nuestra libertad. Podemos decidir entre construir o destruir, entre dar vida o matar, entre amar o vivir en odio, entre vivir en venganza o aprender a perdonar. Sí, Dios respetará nuestras decisiones pero algún día tendremos que rendirle cuenta de lo que hicimos con nuestra libertad.

Todavía queda tiempo para revalorizar nuestras familias y nuestras sociedades. Tenemos que crecer en conciencia y ser responsables con este mundo, esta creación en que Dios nos ha hecho partícipes, colaboradores, y hasta protagonistas, para buscar soluciones. Debemos educar a nuestras futuras generaciones para que podamos dejarles todo lo que hemos aprendido de los errores pasados y estos mismos errores presentes.

Ignacio de Loyola nos enseñó el papel importantísimo del Espíritu Santo en nuestro desarrollo de conciencia. Y nos aconsejaba que si creemos que no podemos hacer nada positivamente y ni siquiera nos sentimos con ganas de ayudar en esa titánica empresa, por lo menos que le pidamos a Dios el deseo de tener ganas.

Pero más todavía, todos podemos hacer algo. El Espíritu Santo nos guiará siempre y nos orientará cómo hacerlo. Ignacio de Loyola, que nos dejó sus Ejercicios Espirituales para encontrar a Dios personalmente y encontrar nuestra misión personal, nos aconsejaba que por lo menos no pusiéramos obstáculos al Espíritu Santo. Él constantemente nos ayuda, nos inspira y nos da fuerzas para seguir aprendiendo a amar. ¡Sobre todo, a través de nuestros padres y madres: viviendo en familia.

IV

CULTURA Y PAZ

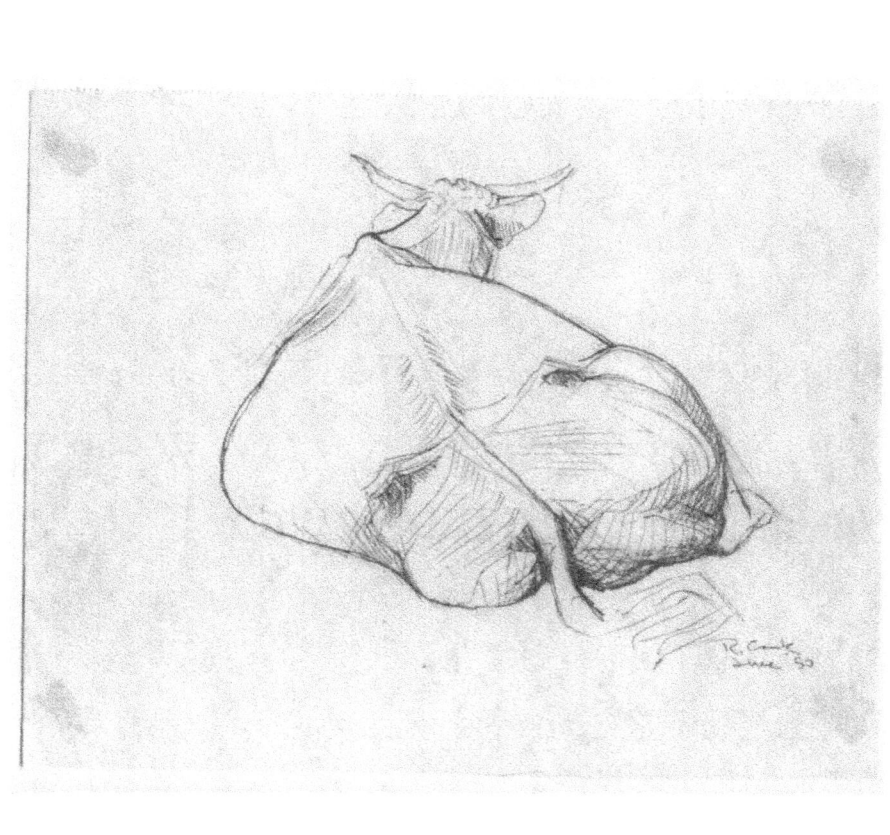

31
¡NECESITAMOS PAZ EN ESTE MUNDO!

«Y Paz en la tierra a los hombres de buena voluntad»...

No, no estamos en Navidades. En los pasados años en Latinoamérica ya tuvimos nuestra dosis de violencia con consecuencias trágicas en nuestros países, pero en un mundo de guerras y violencias tenemos que hablar de paz en la humanidad.

Aunque en el presente estemos en una relativa calma, conviene reflexionar sobre la paz que en estos momentos no existe en muchos países del Oriente Medio ni en muchos lugares del continente africano. Y aunque en Latinoamérica estemos lejos de esos continentes que viven en guerra, tenemos que ayudar a buscar soluciones económicas, políticas y sociales. *Primero,* no podemos volver la espalda a estos pueblos que tanto sufren. *Segundo*, no podemos dejar que en nuestros países latinoamericanos vuelvan a brotar esos focos de violencia.

Nuestra humanidad nos hace ciudadanos del mundo y por necesidad nos necesitamos los unos a los otros. En medio de crisis terribles de guerras, masacres de inocentes, terrorismo y maniobras políticas avasalladoras, tenemos todos que ser solidarios con los que más sufren. Ante el presente escándalo de la pasividad de organismos internacionales, que se supone hemos creado para salvaguardar la paz y la justicia en el mundo, no podemos quedarnos callados. No podemos olvidar cuando hace unos años estos organismos internacionales dieron la espalda al genocidio de Rwanda. Y al conflicto de Bosnia.

Nuestras sociedades frívolas, donde nuestros jóvenes sólo parecen vivir para divertirse y no pensar, tienen que cambiar. ¡El consumismo devora a nuestros jóvenes!... Nuestras juventudes tienen que ser más responsables e interesarse en los problemas actuales...

Y este fenómeno nos lleva a considerar la segunda alarma que tiene que hacernos despertar en nuestros países latinoamericanos, no podemos dejar que surja otra vez la violencia. Y que surja como consecuencia de dos factores principales. Uno, las situaciones de injusticias, económicas, políticas y sociales; el otro, la demagogia de muchos políticos que sin ninguna seria preocupación por los pobres y sufridos, se enriquecen y se hacen populares sólo criticando, denunciando y dividiendo, sin siquiera poner los medios para con discreción cambiar las estructuras.

Nuestra Iglesia nos orienta con soluciones, no demagógicas sino con la reflexión valiente e inteligente de hijos de Dios que viven en comunidad respetándonos y ayudándonos. Habrá muchas opiniones que debemos escuchar y sopesar; tendremos que defender nuestros principios y valores, nuestros derechos y también nuestros deberes; tenemos que contribuir y multiplicar, no dividir.

Nuestro egoísmo personal y también el social tienen que ser considerados para poder transformarlos en un factor positivo en búsqueda de soluciones *«con todos y para el bien de todos»,* como nos enseñó el apóstol cubano José Martí. La guerra nos tiene que hacer reflexionar. Las injusticias que causan las guerras tienen que ser atendidas a su debido tiempo, rápidamente.

Pero algo esencial para que ocurra esta transformación de nuestro mundo hacia la paz, tiene que ser nuestra buena voluntad. Todos tenemos dentro ese germen de vida que produjo la encarnación de Dios en la humanidad. Todos tenemos a Cristo en nuestros corazones, aunque Él respeta nuestra libertad y podemos también usarla para el mal. Trabajemos en liberarnos de la mala voluntad y transformarla en buena voluntad. Dejemos nuestro egoísmo destructivo a un lado. No pongamos obstáculos a esa pujante presencia de Cristo en nuestros corazones y nuestras sociedades. ¡Tengamos buena voluntad… y tendremos Paz en la tierra!

32
¡QUE LA PAZ ESTÉ CON USTEDES!

Nos intriga el saludo que Cristo daba a sus discípulos cada vez que se les presentaba después de su resurrección, *«Paz, la paz esté con ustedes»*. ¡Cómo sabía él bien que ése sería siempre nuestro problema!. Al Jesús dejarnos solos, aunque el Espíritu estaría siempre con nosotros, el tener paz entre nosotros los humanos sería nuestro mayor desafío.

Dios nos da la mente para pensar, el corazón para sentir la emoción, y la razón para reflexionar, entender y aprender en todo momento. Pero como él nos crea libres y respeta nuestra libertad, nuestro egoísmo dejado a rienda suelta puede traicionarnos y hacernos rebeldes a todo ese progreso que nos conduce a la felicidad y a la vida eterna. Y podemos rebelarnos personalmente dejándonos llevar por el miedo, la angustia y la cobardía, que parece que no nos dejarán nunca en paz con nosotros mismos.

Nos rebelamos a ese camino fascinante y misterioso de la vida que nos llama a unirnos, a ayudarnos y, sí, a amarnos como Cristo nos enseñó. Cuando nos separamos no podemos vivir en paz. Cuando no nos ayudamos y no trabajamos unidos, no podemos vivir en paz. Cuando nos odiamos, no sólo la paz desaparece de nuestras propias vidas sino de nuestras sociedades y hasta de la misma creación universal.

Y vuelve a ser el egoísmo nuestro principal enemigo, aunque en nuestras mentes infantiles y adolescentes se nos presenta siempre como amigo y protector de *«lo mío»*. El egoísmo siempre destruye la paz personal, social y universal. Si no, revisemos la historia. Analicemos las guerras del pasado que nos avergüenzan. Y ahora mismo, en el presente, las guerras, los terrorismos, las dictaduras, los sistemas deshumanizadores y opresivos que nosotros mismos creamos y alimentamos. Todo está causado por el egoísmo de alguno, manipulador del egoísmo de muchos. Si hubo alguna vez en la historia guerras verdaderamente patrióticas e idealistas, hoy en día vemos las guerras presentes que sólo responden a razones económicas. Ni siquiera la prensa y los medios de comunicación que parecen estar controlados por esos poderes, nos pueden ocultar las verdaderas razones de las guerras. El egoísmo de unos, el egoísmo de muchos, causan muerte y destrucción. Hoy, no nos avergonzamos, sino que encontramos mil excusas insuficientes para justificar la guerra.

Y sólo la idea cristiana vuelve a resonar en nuestros oídos como salvación del mundo. En estos momentos –en que religiones monoteístas, que se dicen creer en el mismo Dios, usan sus religiones para matar y destruir y quieren dominar el mundo– las palabras de Jesús vienen a calmarnos la fatiga y la angustia: *«La Paz esté con ustedes»*.

En medio del caos, de la indiferencia, de la apatía o incapacidad de obsoletas organizaciones internacionales, la única voz que se levanta es la de nuestro Papa Benedicto XVI. ¡Hay tantos líderes mundiales que no se quieren meter, tantos líderes de iglesias que se dicen cristianas pero que en estos momentos se esconden para no tener que opinar!... Guardan silencio.

El Papa Juan Pablo II habló del escándalo de Rwanda cuando todos le viraron la espalda. Cuando el otro escándalo de Bosnia que abandonó a los croatas a la buena de Dios, volvió a hablar. Así Juan Pablo II denunció injusticias cuando no era «políticamente correcto» hablar de eso. Sin embargo, a la larga, el mundo vio y comprendió. Cuando murió Juan Pablo, la juventud del mundo se volcó en Roma a rendirle honores a quizás la única voz de respeto que había quedado en el mundo.

Y hoy, Benedicto XVI sigue ese mismo camino elevando su voz para defender la verdad y la justicia. A través de él, y reforzados con su liderazgo espiritual, todos los cristianos y no cristianos tenemos que buscar la paz. ¡No dejemos solo al Papa! ... Todos recibamos el saludo de Jesucristo, *que la paz esté con nosotros*. ¡Vayamos al mundo a hacer realidad este saludo!

33
DICEN QUE EN LATINOAMÉRICA NO HAY GUERRA

Sí, es verdad, en estos momentos nuestros países latinoamericanos no están en guerras como, desgraciadamente, ocurre en el Medio Oriente. ¿Pero cómo podemos llamar paz a la zozobra que existe en nuestras ciudades?... No podemos referirnos, con cara seria, a una *«falta de guerra»* cuando existe delincuencia, corrupción política, pobreza e injusticia que están carcomiendo nuestras sociedades. La delincuencia, por una parte, afecta a todos, ricos y pobres, y la injusticia hace que los jóvenes pobres busquen un dudoso futuro en la delincuencia misma o en abandonar su país, emigrando a los países catalogados como ricos. ¡Eso no puede ser paz!

Pero, ¿qué logramos con reconocer que no vivimos en paz si no nos preocupamos por reconocer las causas? ... ¿De qué nos sirve quejarnos de los factores que contribuyen a la violencia, si no hacemos algo por cambiar la situación?

Hace unos días el Papa Benedicto XVI en su visita a Baviera, señalaba y hasta acusaba al mundo occidental por su falta de Dios, de valores y de principios espirituales. Se vive cínicamente buscando excusas racionalistas en una carrera desenfrenada hacia lo material, el dinero, la competencia económica. El resultado –sin hacer caso a las excusas infantiles que dan esos mismos poderes que controlan los medios de comunicación– es la destrucción y la deshumanización. Hasta en el plano individual, la soledad y el vacío devoran nuestro *ser humano*, falto de familia, amor y cariño, y que sólo recibe los mensajes distorsionados de la televisión. ¡No en balde los países del Oriente nos acusan a todos de ser inmorales y de carecer de valores espirituales! ¡No en balde sus líderes nos llaman infieles y con sus aberrantes motivos políticos nos amenazan con el exterminio!

Solamente el Papa denuncia valientemente nuestra apatía y nuestra falta de valores espirituales. Pero lo hace con humildad, pues él bien sabe que también la Iglesia se ha quedado algunas veces callada frente a las causas que provocan esas situaciones de injusticia. El bien conoce que la Iglesia ha hablado demasiado de obediencia, sin haber insistido en una sincera concientización de todos.

En muchos países de la América, como en Europa, el cristianismo parece haber perdido la atención de los obreros, de las mujeres, de los líderes intelectuales y de los jóvenes.

Sí, le damos razón al Papa en su descarnada denuncia y llamado de emergencia. Hemos abandonado a Dios, las enseñanzas de Cristo, y nuestra propia salvación. Nos vemos amenazados por religiones que enarbolan un dios vengativo para extinguirnos con violencia y terrorismo. Y nuestros países, que entre comillas se llaman cristianos, responden sólo con la guerra para demostrar que son más fuertes, con una arrogancia que sólo aumenta el odio y la reacción violenta e irracional.

Por lo menos ya se oyen declaraciones de musulmanes moderados y vemos ya alguna señal de reflexión. Días antes de que el Papa acusara la falta de Dios en nuestro occidente, el ex presidente iraniano Mohammad Khatami denunciaba que los terroristas que matan a inocentes no van al paraíso, como creían los terroristas. Esas atrocidades suicidas o no suicidas, dice el ex–presidente Khatami, son doblemente crímenes: primero, por matar a gente inocente y, segundo, por hacerlo a nombre del Islam. Esta es la primera vez que una autoridad islámica se atreve a contradecir en público a sus propios fundamentalistas.

Volvamos a Dios, como nos aconseja el Papa y alejémonos de esa locura y materialismo que sólo nos llevan a la angustia y al «estrés». Volvamos a escuchar a Cristo en los Evangelios y reflexionar sobre la actitud que el mismo Dios nos enseñó. ¡Transformémonos en el Dios del amor, perdonándonos los unos a los otros y ayudándonos como seres humanos hijos de Dios y no arrancándonos los pedazos como perros rabiosos!... Dios es amor para todas las razas, todas las culturas y para todos los seres humanos pues, como el mejor amigo, dio su vida por todos nosotros.

34
EL ÚNICO MENSAJE DE PAZ
QUE PUEDE SALVAR AL MUNDO

Muchos cristianos de hoy, desgraciadamente, quieren volver al pasado, a una religiosidad medieval. Muchos prefieren no pensar y meter la cabeza bajo tierra, como si eso resolviera los problemas actuales. Pero éste ha sido siempre un problema latente que Cristo mismo sufrió con los religiosos de su época, los fariseos, que honraban a dios con sus largas oraciones y multitud de reglas y preceptos pero no daban su corazón a Dios.

En los dos mil años de cristianismo muchas de las herejías han caído en ese error no aceptando a ese Cristo dinámico que evolucionaba en la Iglesia: el Espíritu Santo nos explicaría todo y nos iría enseñando el camino, paso a paso. Siempre que la Iglesia cometió errores –que gracias a Dios nuestros últimos Papas han reconocido y pedido perdón– ha sido porque se apartaron de ese camino. Se mataron infieles y no infieles, se quemaron herejes, se bendijeron guerras santas, y muchos santos, pensadores y científicos sufrieron persecución y hasta prisión. Muchos teólogos fueron silenciados. Todos esos errores se hicieron no siguiendo las directivas del Evangelio sino todo lo contrario, en contra de las enseñanzas del mismo Cristo.

Hoy no matamos a los no creyentes y nos horrorizamos porque ese proyecto ha sido asumido por musulmanes fanáticos. Sin embargo, hoy queremos seguir negando a Dios y el Evangelio de Cristo. Unos dejándose llevar por ese materialismo cultural, racionalista y cínico basado sólo en el desarrollo económico personal que sólo lleva al abuso de unos pocos y a la deshumanización de todos. Otros niegan a Dios cerrándose al Espíritu que mueve a la Iglesia como signo de salvación para toda la humanidad y se vuelven religiosos elitistas que, en vez de llevar el mensaje liberador de Cristo a los demás, se enquistan en grupos de «conserva» que se reconocen porque quieren volver al pasado.

Pero el volver a Dios, a lo que nos invita el Papa Benedicto en su visita a Baviera, no significa regresar al pasado. Dios es siempre futuro. El pasado nos enseña a vivir en el presente, aprender de los errores, y levantar la cabeza al futuro. Dios está con nosotros. La nostalgia sólo nos lleva a un enfermizo falso orgullo que nos impide mirar hacia el futuro con la humildad que sólo el que cree en Dios puede llevar.

Querer llevar todos a Dios con formas de religiosidad que hoy nos llegan vacías y hasta con visos de superstición, no tiene sentido en el mundo de hoy. El Papa nos recomienda revisar esas formas de religiosidad que quizás ayuda a muchos, pero a las que se les debe sacar la verdadera sustancia y profundidad. Esta sustancia es la actitud de vida contenida en los Evangelios. Nuestras formas de religiosidad nos tienen que llevar diáfana y claramente al mismo Cristo. Por lo tanto, todas nuestras devociones deben dirigirnos a los sacramentos en los que Cristo mismo se manifiesta personalmente, especialmente la Eucaristía. Por supuesto, nuestra religiosidad no se puede convertir tampoco en un mero racionalismo, sino tiene que expresar una espiritualidad tanto personal e íntima con Dios como una espiritualidad social comunitaria de Iglesia.

Tenemos que volver a Dios, principio y fin de todo. El Dios del pasado, del presente y del futuro. Nuestro modelo –nos explica el Papa– es María, madre de Dios y madre de todos nosotros. Ella dio su «*sí*» al ángel, poniéndose en manos de Dios («*Hágase en mí según tu palabra*»), asumió el pasado anuncio de los profetas sobre el Cristo Jesús, siguiendo después a su Hijo y colaboró con él en su misión, como en las bodas de Caná. Después, María en oración con los apóstoles recibió al Espíritu Santo en Pentecostés y acompaña a la comunidad llamada Iglesia desde entonces hacia el futuro.

Volvamos a Dios y llevémoslo a todas las naciones como el único mensaje de **PAZ** que puede salvar al mundo. El está con nosotros hasta el fin de los tiempos, no hay duda alguna. María, su ejemplo, su actitud, nos conducen a él.

35
LA «VENGANZA» DE DIOS ES LA CRUZ: EL «NO» A LA VIOLENCIA

Así aparecía hace unos días el titular del periódico oficial del Vaticano *L'OSSERVATORE ROMANO*, en primera página de lado a lado. Se enfatizaba lo que expuso el Papa en una de sus homilías en Baviera, Alemania.

Las palabras de Jesús en la cruz, *«Señor, perdónalos, que no saben lo que hacen»,* nos llegan todavía como algo humanamente incomprensible: ¡Un verdadero escándalo! ... Si todavía tuviéramos dudas de que Jesucristo es Dios, solamente esa frase nos confirmaría el más grande misterio de la historia. A ningún hombre se le hubiera ocurrido algo a la vez tan absurdo, como enormemente profundo.

Sin embargo, esta frase de perdón contiene la formula para la liberación humana y la felicidad tan ansiada por siglos de pensamiento y reflexión. El perdón nos libera de nuestros opresivos instintos que compartimos con los animales. El perdón da al traste con el egoísmo que sólo nos lleva a la destrucción de todo lo que aparentemente o realmente se nos oponga. El egoísmo nos lleva a la venganza, a la eliminación del enemigo, a hacer justicia por nuestra propia mano.

Y ahí tenemos un gran conflicto en nuestras conciencias, ¡el perdón nos puede aparecer contrario a la justicia!. El *«ojo por ojo y diente por diente»* por muy feo que nos parezca hoy, no es injusto en sí, implica reparación proporcional a la ofensa. Pero se queda ahí, en el plano humano, quizás adolescente. Sin embargo, el perdón asciende a dimensiones sobrehumanas, sobrenaturales. El perdón llega a lo que decíamos antes, a liberarnos de nuestras propias limitaciones humanas y animales.

Sólo el perdón nos llevará a la plenitud del ser persona, ser espiritual, con una misión grandiosa ante toda la creación... ¡Ser colaboradores de Dios!. En el perdón –en el resistirnos a actuar como animales– estaría la fórmula del vivir en paz y hasta en el amor los unos para con los otros.

Hoy que podemos revisar los daños de la violencia, de las guerras, de los abusos de fuerza a lo largo de la historia; en estos momentos que seguimos viviendo en violencia por causa de las injusticias, la estrechez de mente de unos y el egoísmo social de todos, nos vuelven a intrigar esas palabras de Cristo y nos tienen que zarandear. El «no» a la violencia de Cristo en la Cruz, es realmente su «dulce venganza», mostrándola a la humanidad que tiende siempre a reaccionar distinto, con infantil mezquindad. La venganza de Cristo en la cruz no fue fulminar ni eliminar de un cuajo a aquellos que lo crucificaban. El dio la otra mejilla, y nos perdonó a todos.

Y volvamos a la violencia de hoy día, de la que tenemos que curarnos. Y empecemos por casa: por nuestros matrimonios que no se aguantan ni la más mínima falta; padres e hijos que no se escuchan y la menor cosa provoca una verdadera guerra entre ellos; peleas de familia y entre familias. Esa violencia siempre tiene origen en uno mismo, por inconformidad, exceso de trabajo y estrés. En fin, por falta de paz interior. *Sí*, empecemos por casa. Esta paz sólo la puede dar Dios.

Pero si hemos sacado a Dios de nuestra vida práctica, la violencia seguirá causando estragos: en cada uno de nosotros, en nuestras familias, en nuestra sociedad, y en todo el mundo. Volvamos a poner a Dios en nuestras vidas, empecemos con nosotros mismos y sigamos –inmediatamente– con nuestras sociedades antes que la violencia nos animalice y nos destruya a todos. A esto nos ha invitado nuestro Papa Benedicto XVI durante su reciente visita a Baviera.

Cristo fue anunciado por los profetas como *«Príncipe de la Paz»* y la voz de Dios Padre se oyó en su bautismo: *«Escúchenlo»*. Ahí tenemos señalado el camino a la Paz.

36
NO PUEDE HABER PAZ SI NO HAY JUSTICIA

Y volvemos a insistir, para que haya paz tiene que haber justicia primero. Una justicia tiene que empezar por casa, como decimos vulgarmente. El ser humano tiene que vivir en justicia, respetado por los demás y respetando a los demás... De ahí nace la justicia social. Aunque la justicia verdadera sea un ideal inalcanzable, ya el estar *«encaminados»* en ese equilibrio de nuestros deberes y derechos, nos produce paz interior.

En nuestros países latinoamericanos, desarrollados a imagen y semejanza de los países europeos que nos colonizaron, damos importancia vital a los derechos humanos. Hoy, que constantemente podemos compararnos con países de otros continentes, podemos verificar lo avanzado que estamos en los derechos de expresión, los derechos de la mujer, los derechos a la vida en general. Y aunque muchas veces se violan esos derechos en la práctica, por lo menos siguen constituyendo un ideal para seguir creciendo y desarrollándonos. En otros continentes, ya sea por cultura o religión, ni siquiera se plantean esos derechos.

Sin embargo, hoy tenemos que estar mucho más conscientes de los peligros. Hablamos de educación y notamos que nuestras 'masas' dejan mucho que desear en la educación que reciben. Por eso es muy fácil que el demagogo de turno las manipule y utilice para satisfacer sus ansias de poder. Absurdamente, todavía el marxismo –arcaico y fracasado en Europa– parece ser un horizonte de esperanza para esas 'masas' a quienes la justicia social no les llega y los poderes económicos abusan de ellas. Las 'masas' poco educadas son carne propicia a la violencia. Sólo tienen esperanza de abandonar y emigrar hacia países supuestamente desarrollados con las consabidas tragedias y nuevos peligros de injusticias. Al llegar a esos nuevos países tampoco encuentran paz ni justicia porque la adaptación es extremadamente difícil.

En Latinoamérica nos decimos cristianos y sin embargo llevamos un cristianismo más de palabras que de hechos. Nuestra religiosidad popular casi siempre ignora los problemas de justicia y menos aún de interesarse en la paz. Las devociones se reducen muchas veces a prácticas superficiales que, tal vez, ayuden a algunos pero que no le dicen nada a la mayoría, especialmente a los jóvenes. El cristianismo basado en Cristo y los Evangelios está, desgraciadamente, fuera tanto de nuestro ámbito personal interior como de nuestro ambiente social. Cristo, príncipe de la paz, centro de nuestra fe, aparece como una leyenda olvidada…

Nuestros últimos Papas han querido abrirnos los ojos de nuevo. Insisten en que seamos responsables en nuestra fe. El Papa Benedicto XVI nos recuerda, por activa y por pasiva, nuestra responsabilidad de vivir una actitud cristiana. Nos recuerda constantemente nuestros derechos pero también nuestros deberes. Nos habla de justicia, pero sobre todo nos renueva la fe en un Dios que es amor, que quiere nuestro bien, nuestra felicidad, y sobre todo la paz. No puede haber paz si no hay justicia, nos decía el Papa Juan Pablo II. Y tal parece que no le hicimos caso, pues siguen las guerras, los terrorismos y las violencias de todo tipo, producidas como siempre por la injusticia.

El Papa Benedicto acusa al occidente de ser materialista y racionalista, con gobernantes cínicos y estructuras socio–económicas que se han apartado de Dios. Se ha relativizado la moralidad, y tal parece que el fin justifica los medios. Los fines, desviados y desvirtuados, justifican los 'medios' que parecen animalizar a las masas, más que humanizarlas.

Busquemos la paz, trabajemos por hacer justicia basándonos en los Evangelios. Encontremos a Cristo cada día.

37
¡QUEREMOS PAZ Y SEGUIMOS VIVIENDO EN GUERRA!

Y entonces, ¿por qué, siendo Dios amor, y Cristo vino anunciado como *«príncipe de paz»*, el mundo y los hombres viven en violencia y guerra?

Quizás en esta vida nunca podremos tener respuesta a esta contradicción. Nunca sabremos el porqué de las cosas de Dios. Sin embargo podemos sacar de todo esto algo en claro: *primero*, entender que somos libres y que podemos usar nuestras fuerzas y talentos tanto para el bien como para el mal; *segundo*, que todos y cada uno de nosotros, según nuestra capacidad individual, tenemos que estar siempre dinámicamente activos en contribuir a un desarrollo armónico de nuestro mundo.

En cuanto a lo primero, la libertad humana es un misterio sin explicación. Sin embargo, vemos sus efectos en los demás y en nosotros mismos. Sí, podemos crear, construir, desarrollar nuestro mundo, pero también podemos libremente destruir y aniquilar nuestro universo. Podemos amar, tener amigos, crear familias, comunidades de trabajo y de cultura. Sin embargo, si nos dejamos llevar por el egoísmo, podemos también dividir, crear envidia, opresión, guerras y violencias. Nuestra historia en Latinoamérica y en todo el mundo ha dado tristes ejemplos de ese poder destructivo que poseemos... Lo peor es que parece que seguimos igual, que no aprendemos.

Al mirar el mundo de hoy –donde se 'crean guerras para mantener alta la economía', valga decir, una economía que beneficia sólo a unos pocos– nos preguntamos: ¿Cómo puede existir tanta gente sin conciencia?... Sabemos bien que nuestro libre albedrío nos puede conducir al mal uso de nuestro talento e inteligencia. Unos son culpables de usar sus talentos para enriquecerse y pisotear a los demás sin mayor escrúpulo. Otros son también culpables por ignorar o no querer ver las injusticias que provocan nuestros sistemas económicos y sociales. Y es por eso que nuestras 'masas', desesperadas, se vuelven pasto de dictadores megalómanos y de líderes demagogos que siguen manipulándolas pero tarde o temprano se olvidan del pueblo. ¡Qué bonito sería conocer líderes que se preocupen de veras por las necesidades del pueblo y busquen soluciones, sin odio y división sino con la contribución armónica de todas las clases sociales! ¡Qué maravilloso sería educar a esos pueblos para hacer que se respeten sus derechos y que con dignidad, unos y otros cumplan sus deberes!

Y ahí viene el segundo punto de nuestra reflexión. Lo repetimos otra vez: tenemos que contribuir todos y cada uno de nosotros, según nuestra capacidad, al desarrollo de un mundo en justicia y paz... ¿Una utopía?... Los primeros cristianos llegaron a conquistar el imperio romano, no con la espada sino proclamando el amor y la comprensión. Fueron perseguidos y tirados a los leones en el circo. Y morían cantando con una convicción que confundía a aquellos espectadores romanos sumidos en hedonistas placeres y vida materialista. Algunos de esos espectadores, quizás asqueados de aquella vida suya vacía y sin rumbo, saltaron la barrera y se unieron a los mártires que hacían de la muerte vida.

¡Aquello sí era una utopía! ... Sin embargo, poco a poco, el cristianismo fue calando de tal manera que llegó a convertir después a los bárbaros del norte que arrasaron con el imperio.

Hoy tenemos el mundo occidental, un «imperio romano» tan hedonista y materialista como aquel de antaño. Tenemos también bárbaros que amenazan y quieren destruir nuestra civilización, no sólo lo malo sino también lo bueno... ¿Podremos cantar con alegría frente a esos leones?... ¿Podremos amar, perdonar, no ser egoístas, llevar comprensión y compasión a nuestro mundo?... Aquél por quien murieron los mártires nos sigue diciendo: *«No tengan miedo, yo estaré con ustedes, con cada uno de ustedes, hasta el fin de los tiempos».*

38
LA PAZ DE LOS ANIMALES

Y ¿cómo va a haber paz en este mundo si seguimos tratándonos como animales?... En el reino animal, la violencia es parte de la ley natural.

A veces nos ofenden algunos programas de televisión que nos enseñan descarnadamente a los animales salvajes matándose y comiéndose unos a otros. Pero reflexionando, nos damos cuenta que esa es la ley de la jungla. Aunque nos disguste ver feos cocodrilos atacando a una inocente y bella gacela, así es la vida entre los animales. Ellos viven sometidos a sus instintos animales.

¿ Pero cómo podemos los seres humanos comportarnos como animales?... ¿Acaso no somos los únicos seres capaces de sublimar nuestros instintos y hacernos capaces de amar, construir, trabajar en grupo, formar familias, gozar de la amistad, y vivir en PAZ ?...

Raramente vemos en la televisión cómo vive y muere hoy día la gente en las naciones africanas y en muchos países de Latinoamérica. Decimos «raramente», pues esas noticias no son comercialmente vendibles y como desgraciadamente hasta nuestras agencias noticiosas están controladas por la «economía», esas informaciones son ignoradas. Sin embargo, la pobreza espeluznante que sigue creciendo en el mundo no la podemos ignorar, ¡salta a la vista!.

Un reciente informe para América Latina del Fondo Monetario Internacional nos dice que pese al éxito en controlar las variables macroeconómicas –que se traducen en mayor estabilidad para los países– la pobreza ha seguido en aumento. En el 2003 los pobres latinoamericanos eran 214 millones de personas, 14 millones más que a principios de los 90. La diferencia entre ricos y pobres sigue siendo la mayor del mundo, por encima de sociedades de Europa del Este o Asia. !Y nos conformamos con programas asistenciales de llevar medicinas y servicio que a veces ni siquiera valoran la dignidad humana de los asistidos!

Mons. Pedro Barreto, S .J., Arzobispo de Huancayo, Perú –quien nos ha dado esos informe– se pregunta: «¿Qué más debemos realizar, o qué cosas debemos rectificar, purificar, reorientar o priorizar?...» Por otra parte, de la América Latina, en las noticias mundiales se nos habla con desfachatez de los salarios de altos ejecutivos de muchas compañías multinacionales. Uno solo de esos salarios podría desarrollar un país entero, no regalando dinero sino con programas adecuados de educación y desarrollo de conciencia.

Se acaba de honrar con el premio *Nobel de la Paz* a Muhammad Yunus, de Bangladesh, por crear una cadena de bancos para los pobres. Todavía encontramos en el mundo ideas e iniciativas que realmente ayudan económicamente y a la vez crean conciencia, más allá de las religiones y la política. ¡Todavía encontramos seres humanos con imaginación para hacer el bien!

El Papa Benedicto XVI nos alarma con su preocupación por el mundo occidental que excluye a Dios de toda manifestación económica, política o social. Sólo impera la razón y ésta, relativamente. El Papa nos invita a todos los que nos decimos cristianos a llevar nuestros pueblos a Cristo. Como discípulos estamos llamados a sentir, pensar, amar y vivir como Jesús, ser otros Cristos. Es la propia vida de Jesús nuestra fuente viva de inspiración.

No nos cansamos de decir que sólo el cristianismo tiene respuestas para el mundo de hoy. Hasta una declarada atea, la famosa periodista Oriana Fallaci, murió recientemente defendiendo el cristianismo como la única religión que puede salvar a la humanidad.

La figura de Cristo tiene que ser devuelta a nuestras naciones. Que nuestros pueblos en Él tengan vida. Las enseñanzas de Cristo tienen que ponerse realmente en práctica, no sólo en teoría. Pesa sobre nosotros aquel recuento del juicio final en *Mateo 25*. Jesús se identifica él mismo con el prójimo que sufre:

Me viste con hambre, enfermo, solo, necesitado, y me ayudaste... o me ignoraste...

39
CURANDO LA CORRUPCIÓN

¿Podemos confiar en nuevos gobiernos? ...

Al oír entrevistas con gente del pueblo en nuestros países latinoamericanos que están en elecciones, nos descorazonamos con los comentarios tan pesimistas. ¡Ha habido tanto abuso, tantas promesas incumplidas, tanta corrupción, tanto engaño ... que el pueblo está desilusionado!. Se dan dos vertientes contrastantes, las izquierdas y las derechas exageran sus posturas y sin embargo ambas se burlan del pueblo usando viejas y atrasadas demagogias que no han llevado ningún progreso. ¿Existe una tercera posición?... Sí existe, pero no es una posición política, sino pre–política.

¿Qué quiere decir esto?... Dando un ejemplo: el nuevo estilo de nuestro Papa Benedicto XVI. Cuando todos esperábamos que su primera encíclica se refiriera directamente a los problemas socio–políticos y económicos del mundo de hoy, el Papa nos sorprendió con *«Deus Caritas Est»,* su magistral encíclica sobre el amor de Dios. En ella nos explica el Papa algo muy básico y profundo del amor que nos tiene que mover a los seres humanos y la manera en que tenemos que centrar y proyectar nuestras vidas. Somos animales racionales en contraposición a los animales que viven sólo sujetos a sus instintos. Nuestra capacidad de amar es lo que nos distingue. Con esa explicación ya Benedicto estaba dando al traste con las creencias del oriente en las que los dioses son vengativos o crueles y que ignoran al ser humano cuyo solo deber es obedecer.

Por otro lado, nuestro Papa denuncia la corrupción del mundo occidental que sólo parece responder al materialismo: el poder económico y el dinero. En ambos extremos, el amor humano, personal y social de dar y recibir, capaz de fundar amistades, familia, grupos y sociedades, ese amor está desapareciendo a pasos agigantados. El amor de darse a los demás, de contribuir al bienestar de nuestros pueblos, como implica esfuerzo y sacrificio parece que ha sido erradicado de la vida práctica en nuestros sistemas.

El Papa Benedicto nos habla del *Amor*, de algo muy profundo que nos une a todos como seres humanos conscientes. Y desde ahí el Papa nos ha dado la pauta fundamental para buscar esa tercera posición que tanto necesitamos, él nos ha llevado a remontarnos por encima de la política a lo pre-político. Si queremos resolver las injusticias, la corrupción, la delincuencia, los vicios denigrantes, la avaricia del consumismo –que están destruyendo nuestras sociedades– tenemos que empezar desde ese principio y fundamento: *un Dios que es amor y que quiere que nos amemos todos como él nos ama*. Esto no es un pensamiento infantil de teología barata. Esto es, en verdad, el principio y fundamento de cualquier 'tercera solución' que queramos encontrar para el mundo de hoy.

En nuestro continente latinoamericano y cristiano (católico=universal), donde quizás nuestras expresiones de fe se han quedado en adornos y devociones superficiales, es ya hora de comenzar todos a creer realmente en Cristo y entender la actitud de vida que él mismo vino a enseñarnos. ¡Tenemos que renovarnos incorporando en nosotros los Evangelios!

Ya empezaron los preparativos para la reunión de la conferencia de obispos de Latino América, CELAM. Recientemente en México se celebraron reuniones para preparar las ponencias a la reunión de Mayo en La Aparecida, Brasil. Los temas a tratar tienen una actualidad desgarradora. Iluminados por la luz del Evangelio de Cristo, podremos afrontar el futuro. Sigamos atentos al desarrollo de esta reunión que seguramente cambiará nuestra historia.

40
¿EXISTE UNA TERCERA POSICIÓN ENTRE LAS IZQUIERDAS Y LAS DERECHAS EN NUESTROS PAÍSES DE LATINOAMÉRICA PARA QUE HAYA PAZ?

Ninguna de esas posturas parece dar solución a tantos problemas que nos han afligido por tantos años. Para agravar la situación, la globalización y la llamada 'modernización' han dado origen a nuevos problemas socio–económicos, políticos, culturales y religiosos. El resultado lo vemos palpablemente en las ciudades hinchadas de emigrantes huidos de las zonas rurales. La delincuencia y el crimen han aumentado de forma alarmante. Hay jóvenes que matan para robar un teléfono celular, o una bicicleta. La droga degenera tanto a ricos como a pobres. Los ricos e influyentes rehuyen de sus responsabilidades. Los pobres caen en la trampa del consumismo.

¿Habrá una respuesta en una tercera posición?... La corrupción en nuestros gobiernos y la demagogia que sigue prometiendo «el paraíso» a los pobres, frustran a aquellos que realmente quieren cambios positivos en sus países.

Hoy se duda de una sostenimiento democrático en nuestros países latinoamericanos. Tratan de convencernos de que las dictaduras de izquierda o derecha son necesarias. Se duda también de una sostenibilidad ecológica de nuestras tierras. ¡Se destruye la naturaleza a mansalva!. Sin embargo, no se vislumbra la erradicación de la pobreza, tal parece que se inventan nuevas formas de exclusión y de esclavitud práctica.

En cuanto a la fe de nuestros pueblos, se ha dividido a las masas populares en dos bandos: el fundamentalismo evangélico y el sincretismo religioso de supersticiones y creencias fundadas en el miedo. Ambas formas ignoran los problemas sociales y las injusticias, ninguna educa a la gente. Frente a esta compleja realidad, volvemos a preguntarnos: ¿Existe una tercera posición?...

En las ponencias presentadas recientemente en México para preparar la V Asamblea General del CELAM –Consejo Episcopal Latinoamericano– se expusieron descarnadamente todas estas realidades. En mayo, en La Aparecida, Brasil, se celebrará esta reunión a la que asistirá el Papa Benedicto XVI. Estamos seguros de que allí se presentará una tercera posición.

Sin embargo, esa tercera posición no será política. Estos problemas no se resuelven sino con algo más fundamental. ¡Ya estamos cansados de dar tumbos entre izquierdas y derechas!... Se trata de volver a *humanizar a los individuos* que componen las sociedades; se habla de devolver el respeto a la dignidad de la persona humana; se busca reconstruir nuestras sociedades sobre los principios que enseñó Cristo y que, aunque muchos no quieran ahora reconocerlo, son los principios sobre los que se fundó la civilización occidental.

Fue solamente Cristo quien nos habló de amor, paz y perdón, conceptos que en sus tiempos no existían. Desgraciadamente hoy día tal parece que volvemos para atrás, a aquellos tiempos donde el poder, la esclavitud, la falta de respeto a la vida humana, a la mujer, a la familia, eran orden del día. Por eso nos viene el cristianismo como única solución para cambiar y revalorizar al individuo humano, volver a descubrir los valores familiares, fundar sociedades basadas en la comprensión y el amor.

Pero esto va más allá. Sólo el cristianismo tiene *palabras de vida eterna* y de salvación para todas las razas y las culturas. Sigamos atentos a lo que la Iglesia nos anuncia como tercera posición.

41
CAMBIAR AL INDIVIDUO PRIMERO

Seguimos descubriendo, a fuerza de golpes y desengaños, que para cambiar nuestras sociedades tenemos que cambiar primero al individuo. Si todavía no estábamos convencidos de que tenemos que cambiar nuestras sociedades, sólo con ver las noticias en todo el mundo nos damos cuenta de que no podemos seguir así. El mundo en guerras. Nuestras ciudades en violencia y delincuencia. Los gobiernos en crisis por la abierta corrupción. El pueblo apático que parece sólo pedir «pan y circo» o sea, consumismo y diversión. Y los cristianos, acostumbrados a no pensar y a huir de su responsabilidad, dejando hacer y dejando pasar…

Sin embargo estamos observando con aguda atención cómo en la Iglesia se escribe un nuevo capítulo. Nuestro Papa Benedicto XVI no pierde oportunidad para situarnos ante una nueva actitud para el Tercer Milenio. Esta actitud nos está haciendo conscientes, *primero*, de que tenemos que transformar este mundo muy pronto, o llegaremos a destruirlo; *segundo*, que necesitamos, cada uno de nosotros, cambiarnos para poder hacer cambiar nuestro mundo. El Papa también está convencido que sólo el cristianismo, el catolicismo universal, como fue propuesto por Cristo y extendido por sus apóstoles puede producir esta transformación del mundo.

Benedicto, inteligente y conocedor de la historia, especialmente de los abusos que la misma Iglesia cometió en siglos de confusión, nos trae ahora *una nueva actitud*. Esta actitud ya se había venido gestando por los últimos Papas que han devuelto a la Iglesia su verdadero poder espiritual. Benedicto sabe cómo traer el mensaje universal de Cristo a este mundo occidental que ha empujado a Dios fuera de la vida política, económica y social. También nuestro Papa conoce y denuncia los peligros de religiones que usan la política para oprimir a los pueblos con miedo y la supresión de los derechos humanos, de la vida, de la mujer, de la libertad de expresión.

Benedicto XVI no sólo denuncia, sino también anuncia. Y nos anuncia un mensaje rescatado de los Evangelios. Nos anuncia al Dios del amor, del perdón, que pide responsabilidad en las acciones de todos los seres humanos. Un Dios que nos hace partícipes en la evolución del mundo y la creación.

El Papa está convencido y trata de que todos los cristianos nos convenzamos de que la solución cristiana es la única que nos puede salvar. Y no nos quiere imponer el cristianismo por la fuerza, como desgraciadamente se hizo en la edad media. Ahora estamos volviendo realmente a la actitud de los primeros cristianos, la actitud que convirtió el poderoso Imperio Romano. El camino es la paz de Cristo. Esta paz no es la paz aburrida de una tenue religiosidad de aquel cristiano que solo cumple preceptos. La paz de Cristo es activa y vigorosa y contagia a los demás como fermento que mueve la masa. Con humildad y paciencia, pero sin perder el tiempo, el Papa nos reanima a ser consecuentes con nuestra fe y a convertirnos desde adentro.

Esperamos con gran expectativa la reunión del CELAM, de los obispos de Latinoamérica, que se celebrará en Brasil el mes de mayo. Ya se están preparando los temas y las propuestas para tratar de solucionar los grandes problemas que nos aquejan. Sin embargo, no se está tratando de imponer ni someter sino de hacer despertar nuestras conciencias, de hacernos responsables. En estos preparativos estamos incluidos todos en la Iglesia, tanto sus autoridades como el pueblo, los laicos, mujeres y hombres.

En este gran encuentro se propondrán cambios para nuestras sociedades, pero siempre originándose en el principal cambio interno del individuo. ¡Y Dios está con nosotros!

42
«HA ESTALLADO LA PAZ»

Así se titulaba uno de los libros sobre la guerra civil española de José María Gironella. En el mundo de hoy donde la paz no se conoce, tenemos esperanza en que algún día estalle la paz.

Cada día encontramos más señales de que la mayoría de los seres humanos no vive en paz consigo mismo. El ruido, la angustia que produce la ambición del consumismo, la competencia desmesurada en sus trabajos y profesiones, todo aparta de la paz interior. La paz social no existe por las injusticias que, cada vez más, revuelven nuestros países y llevan a las protestas y la violencia que, por consecuencia, ocasionan víctimas inocentes y más dolor. Los poderes económicos internacionales para los cuales la vida humana o el hambre de miles parece no importarles ni tener valor alguno. Esto no produce paz a nadie, ni a las víctimas ni a los victimarios... ¡Cómo quisiéramos que estallara la paz!

¿Y cómo encontrar la paz? ... Ese ruido de que ya hablábamos, no nos deja ni siquiera sentir el latido de nuestros corazones, no nos deja ni pensar. Para que encontremos la paz hay que empezar haciendo silencio. Reflexionar. Recapacitar. Reordenar nuestras vidas. Buscar un sentido y dirección que nos haga encontrar la verdadera felicidad.

Esto no es fácil. Pero a menos de que ya estemos poseídos completamente por el mal, siempre tenemos una salida que, por supuesto, cuesta trabajo y esfuerzo. Pero, ¿qué mas digno para un ser humano que poder recapacitar, enderezarse y hasta pedir perdón? ¡Nunca es demasiado tarde!

Si no puede haber paz, no hay justicia. No puede haber justicia si no hay amor ni comprensión para los demás. Si nos damos cuenta que nuestro egoísmo bloquea el amor, la justicia y la paz, tenemos que cambiar nuestras vidas radicalmente. Y eso nos asusta. Nos agarramos de un clavo ardiendo y no soltamos con tal de no liberarnos de nuestro paralizante egoísmo.

Sólo la fe puede salvarnos. Solamente una fe que nos incluya, que cuente con los demás y que tenga miras más allá de nuestras limitaciones y enfermedades de alma y cuerpo, sólo una fe profunda y real nos puede dar respuestas concretas para vivir. Pasan las religiones, las supersticiones, las devociones a ídolos y dioses de miedo y nada nos satisface.

Solamente las palabras de Cristo hace 2000 años tienen todavía sentido. Y sabemos el porqué. Cristo nos enseñó una actitud de vida que nos incluye como persona a cada uno de nosotros. Su mensaje está íntimamente relacionado a cómo nos comportamos con los demás. Por último, sus enseñanzas tienen palabras de vida eterna.

Donde caen todas las demás religiones porque ya no pueden tener sentido en este Tercer Milenio, el cristianismo, que no es otra religión más sino una revelación del mismo Dios, nos llega más claro que nunca. Es la única teoría de vida que no nos bloquea ni personalmente ni socialmente; al contrario, nos ayuda a trascender por encima de nuestros instintos y nuestros límites.

Si queremos tener paz interior. Si queremos vivir en un mundo de justicia y comprensión. Si queremos reconciliarnos y vivir todos en paz, tenemos que hacer el esfuerzo y buscar respuestas en el cristianismo. Primero la teoría después la práctica, aunque la una y la otra están unidas en esa actitud que Cristo nos enseñó.

V

LA CULTURA Y EL MIEDO

43
NUESTRO PRIMER ENEMIGO: EL MIEDO

De niño no tenemos miedo, queremos experimentar toda clase de experiencias sin pensar en las consecuencias y es por eso que nuestras madres tienen que estar constantemente detrás de nosotros cuidándonos. Cuando ya tenemos uso de razón nos vamos dando cuenta de las consecuencias de nuestros actos y especialmente de los peligros. Entonces aparece el miedo como instinto de protección.

Sin embargo, el miedo se convierte en nuestro primer enemigo. El miedo puede ser un obstáculo a nuestro progreso y desarrollo. El escritor chileno Carlos Castañeda pone el miedo como el primero de los cuatro enemigos que el ser humano debe afrontar y vencer en la vida. El miedo, que al principio parecía ser una ayuda o un aliado en nuestro proceso de humanización, se torna contra nosotros en nuestro normal proceso de conocer y volvernos seres racionales y con sabiduría.

Los grandes filósofos griegos Platón y Aristóteles –y después de ellos una miríada de sabios– igualaban sabiduría y felicidad. El ser humano, al crecer en conciencia por educación y experiencia, se va haciendo cada vez más *persona* hasta trascender más allá de sus propias limitaciones. Ya hemos señalado cómo el ser humano, que comparte su naturaleza con los animales, trasciende su propia animalidad e instintos y llegar a niveles más altos.

En la historia leemos de hombres y mujeres cuyo poder creativo ha llevado el mundo a niveles insospechados por el hombre primitivo. Grandes inventos, música, expresiones de artes plásticas, ciencia y cultura en general, nos siguen llevando a una vida menos animal y más profundamente humana. Todo eso se ha logrado a base de esfuerzo, riesgo, trabajo, sacrificios y desvelos, o sea sublimando los instintos animales a poder creativo y espiritual.

Sin embargo, el miedo ha estado siempre presente para obstaculizar esta creatividad humana, el miedo está presente hasta para negarnos a resistir nuestros instintos animales. Es muy fácil dejarse llevar por instintos que nos llevan irremediablemente al egoísmo: los instintos nos retraen de esforzarnos por lograr algo más perfecto y beneficioso para los demás. Preferimos animalizarnos y seguir nuestros instintos, a elevarnos y trascender con ese verdadero instinto espiritual que todos tenemos muy adentro. El miedo, nuestro primer enemigo, nos hace traicionar ese llamado a la trascendencia, a la creatividad y a la libertad de espíritu que todos compartimos. Muchos sucumben al miedo y siempre vivirán en estado de esclavitud animal que rechaza esa libertad espiritual de los verdaderos *«pocos sabios que en el mundo han sido»,* citando los versos de Fray Luis de León.

¿Cómo podemos vencer el miedo?... Primero que todo, siguiendo los consejos de los sabios, tenemos que entender el miedo no como un enemigo sino como un desafío. Entonces el miedo se convierte en un aliado, pues es señal de que tenemos que incorporarnos en nuestras propias fuerzas para afrontarlo y vencerlo.

Pero para lograr eso tenemos que encontrar una fe que nos aclare y nos motive a seguir un determinado objetivo en nuestra vida. Algunos identifican esa fe con una religión determinada. Sin embargo la fe es algo más profundo que un mero seguir normas y cumplimientos. Sabemos que esa verdadera fe es dinámica y tiene que ser constantemente alimentada y desarrollada. Al fin y al cabo, sólo la fe puede darnos una dirección y un propósito en la vida.

Usaremos al ambiguo tema del miedo como punto de partida en esta nueva serie de reflexiones: *¿El miedo, obstáculo enemigo o desafío positivo?...*

44
EL MIEDO A ARRIESGARSE

Al hacernos adolescentes tenemos dentro ansias de crecer, conocer, entender, tomar nuevas decisiones, e independizarnos. Muchas veces ese deseo nos hace caer en muchos errores por falta de reflexión previa o por dejarnos llevar por la emoción solamente. Por supuesto la emoción es importante, pero sólo si se equilibra con la razón. Quizás los latinoamericanos pecamos de ser demasiado emotivos y muchas veces nos falta una dosis de razón.

En nuestra tradición judeocristiana –en contraste con otras culturas– tenemos una dirección bien marcada en contra del estancamiento. Esta actitud de riesgo, se remonta a los albores de la civilización occidental en sus orígenes mesopotámicos. Abraham es llamado por un Dios amigo, a dejar la seguridad de su pasado y emprender una aventura nueva en su vida que lo hará padre de un gran pueblo. Abraham arriesga todo por seguir ese llamado. Llamamos a Abraham padre de nuestra fe... ¡Y con mucha razón!... Porque con él comienza una nueva actitud de vida, una visión positiva que nos hará más humanos, más creativos, más sociables para vivir en grupo y capaces de trascender a las más altas dimensiones.

Abraham recibe su llamado escuchando en la noche. Como pastor cuidando sus rebaños, hablando con las estrellas, ha oído la voz de Dios escuchando en el silencio. Y Dios lo llama a arriesgarse y seguir un camino nuevo, lejos de achantarse y estancarse en la vida.

De seguro que Abraham tuvo que haber sido víctima del miedo. Abraham, adulto, pudo presentir los peligros del arriesgarse. Sin embargo, se dejó llevar por aquel Dios y cambió la historia. Abraham fue conociendo a ese Dios, paso a paso, a través de su vida. ¡Y ese Dios se le fue descubriendo, poco a poco!... Le promete un hijo y cumple su promesa cuando Sara, su mujer estéril, le da un hijo suyo, Isaac.

Abraham se da cuenta de que su Dios era más fuerte que los otros dioses de las civilizaciones vecinas. Su Dios se le revela como Dios de vida, no de muerte, y se lo ratifica cuando Abraham parece creer que le debe ofrecer en sacrificio a su propio hijo. Esto se explica en la Biblia simbólicamente en el episodio de Isaac, en el que se narra como si fuera el mismo Dios quien se lo pide, pero quizá fue sólo su apreciación al estar rodeado de otros pueblos que ofrecían sus hijos para aplacar la ira de los dioses.

Abraham no le niega nada a su Dios. Sin embargo éste le aclara que él no necesita de sacrificios humanos como era creencia de tantas civilizaciones antiguas. Por ese gesto de generosidad, Dios premia a Abraham con una amistad íntima, insólita en la historia de aquellos pueblos, y Abraham marca una nueva dimensión en la relación del ser humano con el *Dios de vida* que nos pide arriesgarnos y nunca estancarnos ni acobardarnos.

Nos referíamos anteriormente a que para vencer el miedo necesitamos tener fe. En este mundo de hoy en que parece que dudamos de todo, hasta de nosotros mismos, somos fácilmente presas del miedo. Nos engañan haciéndonos creer que el dinero nos protege, que compra la seguridad. Por otra parte, hoy en día todavía nos llegan civilizaciones y religiones que creen en «dioses de miedo» que parecen no tener respeto a los seres humanos. Proponen «dioses crueles» que odian y mueven a la violencia. Sólo esa fe en el Dios amigo y de misericordia revelado a Abraham, puede salvar al mundo de hoy.

Y Benedicto XVI, un Papa para el Tercer Milenio, nos invita a reflexionar y a vencer ese miedo que nos anquilosa. Nos invita a revisar nuestra fe y a vivir con la libertad de los hijos de Dios; a continuar la actitud de vida de Abraham: todos somos invitados –como Abraham– a vivir en activa fidelidad a Dios, fidelidad a los demás en nuestras responsabilidades sociales, y a nosotros mismos en nuestro afán por trascender. Sólo ese camino nos llevará a la felicidad.

45
EL PREMIO AL VENCER EL MIEDO

Abraham, para el mundo occidental padre de nuestra fe, aparece llamado por Dios a una gran aventura de vida. Pero como en todo cambio de vida, Dios lo llama a arriesgarse, a dejar todo lo que tiene y arrojarse a una nueva experiencia. Sin embargo, Dios le da un aliciente para ayudarlo a lanzarse y seguir su llamado: Dios le hace una promesa que –aunque nunca viene explicada en términos concretos– le anuncia un futuro glorioso: Dios le promete que será padre de un gran pueblo y que su descendencia será más numerosa que las estrellas del cielo. Esta promesa, según ha sido interpretada a través de los siglos, implica la salvación de todo el género humano. ¡Por Abraham vendrá el salvador del universo!

Naturalmente, Abraham tuvo que haber sentido miedo de esa gran misión que se le anunciaba. Se le promete una dudosa paternidad, ya que su esposa Sara era estéril, y Dios le asegura que Sara le dará un hijo.

Al principio, el patriarca Abraham «cree a medias». A sugerencias de la propia Sara, toma a su esclava para ser madre del hijo prometido, pero Dios le ratifica su promesa y finalmente Sara da a luz a Isaac y Abraham aumenta su fe en aquel Dios que lo trataba como amigo. Abraham da un paso más en vencer el miedo y se va convirtiendo progresivamente en nuestro modelo de fe. Su confianza en ese Dios va creciendo a lo largo de su vida.

¿Ejemplo de fe para el ser humano de hoy?... Ya hemos indicado cómo nuestra cultura de hoy –a pesar de los siglos de historia– vuelve a caracterizarse por el miedo: aunque hemos avanzado extraordinariamente en tantos aspectos, tal parece que vivimos masivamente condenados a sucumbir bajo el miedo. Mientras más tenemos, más queremos poseer y «comprar» una seguridad ficticia e irrealizable.

Y hasta nos olvidamos de Dios. Nuestro Papa Benedicto XVI denuncia y nos advierte que el mundo occidental ha sacado a Dios fuera de nuestro mundo social, económico, político y hasta de nuestro mundo personal.

Tristemente, Abraham ha quedado como un olvidado personaje de la historia antigua. La actitud de fe de Abraham parece una fábula vieja que no nos sirve para afrontar los problemas de hoy. En vez de ser una figura para hacernos reflexionar como seres maduros y pensantes, Abraham –y su valiente postura frente a la vida– ha sido marginado y sacado fuera de nuestras vidas personales y de grupo. Abraham venció el miedo con su inquebrantable fe. Nosotros parece ser que por falta de fe, hemos sido vencidos por el miedo.

Nuestro Papa nos alerta de la falta de fe y el monopolio del racionalismo que atrofia nuestro desarrollo. Todos somos llamados a la vida. Somos llamados a una misión, cada uno según su capacidad. Todos somos llamados a colaborar con Dios en la evolución de nuestro mundo. A cada uno de nosotros, Dios le confirma y le ratifica sus manifestaciones de amistad y amor con pruebas íntimas y fehacientes que sólo cada cual puede reconocer. Sin embargo hemos sido sordos a su llamado.

Quizás hemos pasado por alto la promesa de Dios a Abraham. Dios le dice que al ser padre de un gran pueblo, todas las naciones bendecirán su nombre. ¡Su mismo nombre será una bendición para toda la humanidad!. También nosotros, si al oír el llamado de Dios nos arriesgamos y lo seguimos, vencemos el miedo, nos lanzamos a la misión de ser luz del mundo y sal de la tierra, también nosotros recibimos, sin merecerlo, esa promesa como un regalo de Dios.

Seremos bendición para los demás y hasta nuestros nombres serán una bendición. Cada uno de nosotros, al haber vencido el miedo como Abraham, será fuente de fe, bendición de paz y de esperanza en este mundo que tanto lo necesita.

46
LUCHANDO CON DIOS, NO CONTRA DIOS

Uno de los pasajes más fascinantes de la Biblia que parece marcar toda nuestra civilización occidental, es el de Jacob luchando con el ángel. Jacob, después que ha luchado toda la noche con aquel extraño que le reta, se da cuenta, *primero*, que aquel ángel no era un enemigo y *segundo* que era el mismo Dios en forma de ángel.

Dios mismo viene a desafiar a Jacob, que acobardado ante la persecución de su hermano Esaú, huía del destino glorioso a que había sido llamado. Jacob había heredado, como patriarca, ser padre de un gran pueblo y ser bendición para toda la humanidad. Sin embargo huía por miedo.

Este episodio es insólito para la mentalidad de las civilizaciones antiguas que siempre representaban a sus dioses ya como implacables y crueles o débiles frente al mal que sufrían los seres humanos. El Dios de Abraham, Isaac y Jacob se revela como un Dios bueno y protector pero que a la vez reta, desafía, a los seres humanos a que ejerciten su responsabilidad. Hoy que tenemos tantas versiones de Dios, con tantas religiones escapistas o religiones que nos presentan a Dios como cruel y déspota, conviene reflexionar en ese Dios de Jacob.

Quizás no hemos reparado la importancia que tiene para la civilización occidental esta imagen de Dios como desafío al ser humano. Ahora que podemos comparar las civilizaciones en los distintos continentes, nos damos cuenta de que esa actitud de vida es la única que tiene sentido en el presente y para el futuro. El ser humano tiene una responsabilidad con su vida, con la sociedad y con su mundo. Tal parece que cualquier religión que no enfatice estos tres puntos, no tiene sentido en el mundo de hoy.

Las religiones escapistas que sólo hablan de sentirse bien individualmente y olvidan las responsabilidades sociales, nos llegan como absurdas ante los álgidos problemas que nos acosan. Por el contrario, las religiones o filosofías que olvidan *«el ser personal»*, son obsoletas en un mundo que nos deshumaniza cada vez más. Las filosofías de vida que no dan importancia al deseo de trascendencia y creatividad, tanto de los individuos como de las sociedades, no tienen futuro en nuestras comunidades globales.

Sólo el cristianismo, que se basa en las enseñanzas del Antiguo Testamento y en el Evangelio de Jesucristo ha rebasado las pruebas de los tiempos históricos.

El Dios de Jacob, desafío y reto, nos llega hoy más que nunca como respuesta al miedo que es nuestro mayor enemigo. El Dios de Jacob nos hace despertar a nuestra responsabilidad social y universal, nos apremia a encontrarnos con nosotros mismos y con nuestro destino. Cuando somos esclavizados por el miedo, nos ayuda a liberarnos y a tomar decisiones valientes y realistas. Cuando el miedo se manifiesta como apatía o cinismo –cuando creemos que nada que hagamos va a producir diferencia alguna en los destinos del mundo– el Dios de Jacob nos invita a luchar y a darnos cuenta de que en realidad **sí** podemos cambiar el mundo.

Y este Dios real, verdadero y práctico, tenemos que anunciarlo hoy a todas las naciones, religiones y culturas, hoy que todo lo humano parece estar en peligro... El Dios de Abraham, de Isaac y de Jacob, el Dios de vida que es amor, nos tiene que quitar el miedo a buscar la justicia y la paz entre los pueblos.

Jesús vino a enseñarnos en su propia carne quién era ese Dios, Padre de la humanidad y de todo lo creado. Jesús mismo sintió miedo en Getsemaní. Sin embargo, entregándose –al igual que su madre María– le contestó a Dios: *«Hágase en mí según tu palabra»*... ¡Y aceptó el reto!

VI

CULTURA Y LA ESPERANZA

47
ESPERANDO QUE EL MUNDO SE ARREGLE...

La esperanza es una virtud necesaria para vivir. Tal parece que nacemos con ella, si no, sería imposible subsistir los problemas y trabajos de cada día. Aunque nos podemos desanimar a ratos, hay algo interno que tenemos todos que nos hace esperar un nuevo amanecer y añorar algo mejor.

Así cada año nos llega la Navidad, aunque nuestro egoísmo y estrechez de mente trate de reducirla a otra ocasión más de compras y regalos, desprovista de ningún valor interno o espiritual. Para algunos es sólo otra ocasión de comer y beber y rebajarse a los instintos animales.

Sin embargo, la Navidad nos llega de muy adentro como una fiesta de esperanza. Como esperando una gran noticia, los profetas anunciaron un misterio trascendental muy por encima de nuestros límites humanos. El pueblo hebreo en medio de civilizaciones fatalistas en las que los seres humanos aparecían meramente como víctimas de los dioses, nos trae una nueva visión positiva. Los seres humanos tendrían un futuro glorioso: había realmente una esperanza para vivir. Y el profeta Isaías no se cansaba de anunciar que habría paz y no más odio ni guerras entre los hombres, que habría felicidad al fin de todo sufrimiento. Había un Dios de esperanza y salvación para todos los seres humanos, de todas las razas y culturas.

Hoy, miles de años después, nos llega este mensaje, en medio de guerras, terrorismos, delincuencia, corrupción e injusticias sociales, políticas y económicas. El anuncio de los profetas viene con más actualidad que nunca. La Iglesia se encarga de seguir anunciando ese mensaje que nos llena de esperanza que, por mucho que nuestra mezquindad egoísta quiera acallar, llega con trompetas y gritos de alegría verdadera desde lo alto de nuestros edificios y desde lo íntimo de nuestros corazones.

Pero esta esperanza no es solamente tranquilizadora y llena de paz interior, la esperanza cristiana nos llama a una responsabilidad activa y dinámica. La llegada de Jesús, príncipe de la paz y luz del mundo, disipa las tinieblas. Jesús es el pastor que nos guía hacia las aguas tranquilas del amor y la felicidad. Este Mesías aparece como niño indefenso tal como somos nosotros cuando, descorazonados, nos reconocemos necesitados y humildes. La llegada de este Jesús en la Navidad nos llena de fuerza y nos renueva. Jesús nos ha dejado a continuar nosotros su misión de paz, justicia y de amor. Somos responsables de hacer su reino una realidad. Y no importa que todavía no lo hayamos hecho, siempre hay tiempo para pedir perdón, levantarnos otra vez, quitarnos el polvo del camino, sonreír a un nuevo amanecer.

La esperanza de la Navidad no puede ser superficial ni efímera, sino que va creciendo profundamente dentro de nosotros y contagia y se extiende a todos los que nos rodean.

Al prepararnos para la Navidad en este tiempo de Adviento, la Iglesia nos invita a reflexionar, a encontrarnos con nosotros mismos en nuestras debilidades y limitaciones, a pedir perdón. Pero este pedir perdón no debe ir con la morbosidad negativa del derrotado. El anuncio de la llegada del Mesías nos debe arrebatar en alegría tanto externa como interna. Las luces con que adornamos nuestras casa y ciudades tienen que reflejar la luz que tenemos dentro y que nada ni nadie nos puede apagar. Vivimos en esperanza porque Dios está con nosotros y eso nos hace victoriosos en medio de las crisis y los problemas tanto personales como sociales.

Vivamos con alegría estas Navidades con nuestras familias, con nuestros amigos, en nuestras comunidades y con la comunidad universal de todas las gentes. No esperemos que el mundo se arregle solo. Recibamos a Jesús en nuestros corazones, renovemos la esperanza si acaso la hemos perdido y trabajemos por un mundo mejor. ¡Feliz Navidad!

49
EMMANUEL: DIOS CON NOSOTROS

Celebrando la Navidad, hemos oído lo que significaba el nombre de Jesús, el Mesías: Emmanuel, Dios con nosotros. En un mundo de hoy en que algunos tratan vanamente de expulsar a Dios de nuestra sociedad, de nuestras transacciones económicas y sociales, de la política. Hoy, en que hacemos del mundo una jungla, donde la moral es la ley del más fuerte, y del que habla más, y las leyes devoran a los más pobres y los más sufridos, nos llega ese misterioso nombre de Emmanuel, Dios con nosotros.

Comenzamos un nuevo año en pocos días y nos preguntamos asustados, ¿qué nos traerá este 2007 de distinto?. ¡No tenemos más remedio que confiar en Dios!. ¿Pero, podemos realmente confiar en Dios?. ¿No tratan algunos fanáticos de enseñarnos un Dios cruel donde la confianza se vuelve sólo miedo?

Primero que todo, revisemos históricamente nuestra idea de Dios, hoy que podemos comparar nuestra fe con tantas otras que circulan por el mundo. Cuando aparece revelado aquel Dios único en la historia del pueblo de Israel, llega a la humanidad un concepto nuevo de Dios. En medio de la creencia en cientos de dioses, vengativos, crueles y arbitrarios de la antigüedad, llega este Dios, amigo, protector, Dios de la vida y de la justicia, que quiere la salvación para todos los seres humanos. De lo que era una vida fatalista y de sufrimientos, nos viene una visión positiva en donde todo, hasta el sufrimiento, tiene un valor redentivo. ¡Una visión insólita!

Este Dios se va revelando hasta hacerse ver como el único Dios omnipotente y creador de todo con un «programa» de salvación que hasta incluye al hombre como participante y colaborador, y no como víctima.

Finalmente, anunciado por profetas y sabios, este Dios viene al mundo a enseñarnos una actitud de vida. Humilde y nacido de mujer nos viene como niño y por treinta años regenera la vida ordinaria y rutinaria para que todos entendamos que la vida diaria merece vivirse. Día a día Jesús nos enseñó cómo se crece y se aprende, cómo se vive en familia y se trabaja en comunidad. La vida oculta de Jesús, sin milagros ni espectáculos masivos nos hace más realista y llevadera la vida de cada uno.

No es hasta después, en su vida pública, que Jesús nos habla públicamente de una actitud de vida para todos los seres humanos, no importa la raza, la religión, ni la cultura. En el Sermón de la Montaña, en las Bienaventuranzas, nos explica esa actitud que es la única que nos llevará a todos a esa felicidad prometida que todos ansiamos. Esa actitud parece una contradicción, pues nos habla de negar nuestro egoísmo, darnos a los demás en amor de servicio.

Nadie en la historia del género humano había osado hablar en estas increíbles profundidades de pensamiento. Esta historia era demasiado fantástica para no ser verdad, para haber sido inventada por los humanos.

Y volvemos otra vez al anuncio del Mesías, Emmanuel, Dios con nosotros. Sólo ese Dios dentro de nosotros, marchando con nosotros, podía operar esta evolución en la humanidad. Un proceso cuya lentitud todavía no entendemos. ¿Por qué estamos todavía llevados por la violencia y la crueldad de nuestro egoísmo, en vez de ayudarnos unos a otros en amor y servicio?. Nunca en esta vida podremos contestarnos esa pregunta. Pero sí, creemos que El vive en nosotros y que está haciendo mover todo este proceso lentamente con nuestra mínima y humilde ayuda.

Al dejarnos Jesucristo aparentemente solos, antes de subir al cielo, dijo a sus discípulos: «No tengan miedo, yo estaré con ustedes hasta el final de los tiempos». Hoy nos reaniman esas palabras pues comprendemos que él es Emmanuel, ¡Dios con nosotros, hasta el final de los tiempos!

CARTA A LA HUMANIDAD PARA EL TERCER MILENIO

Mensaje de esperanza en el más grande misterio

**REFLEXIONES SOBRE LA
PRIMERA ENCÍCLICA DEL
PAPA BENEDICTO XVI**

1
«DEUS CARITAS EST»

Como una carga de energía nueva, la Iglesia (en especial los laicos que la componen) ha recibido las orientaciones y las aclaraciones pertinentes de un Papa teólogo de largo historial y experiencia.

En un mundo lleno de violencias, odios, contradicciones y pluralismos que crean confusión, es muy fácil perder el sentido de la vida y la dirección a seguir, tanto individual como social o comunitariamente. A pesar de las diferencias culturales, raciales y de lenguas podemos preguntarnos: *¿Qué tenemos en común todos los humanos?...*

Y por ahí comienza a hablarnos el Papa, yéndose (al parecer) por encima de los problemas que nos aquejan hoy en día. Entre otros: las injusticias sociales, los contrastes económicos, la generalizada corrupción política, la delincuencia, la discriminación. Sin embargo, Benedicto XVI va a la raíz de todos esos problemas que no se pueden erradicar con soluciones tibias y particulares. Todas esas manifestaciones del mal nacen del egoísmo. Un egoísmo universal que nos ataca a todos y que parece estar apadrinado por los sistemas sociales y políticos actuales.

Como humanos compartimos los instintos del reino animal. Sin embargo, como seres racionales somos capaces de pensar y reflexionar, ser creativos, incluso yéndonos por arriba de los instintos animales. El ser humano es distinto. Lo que nos hace falta es sobreponernos y reflexionar ahora sobre esa fuerza o instinto espiritual que puede liberarnos de nuestro egoísmo animal. *Esa fuerza misteriosa es el amor.*

Ese es el tema escogido por Benedicto XVI para su primera encíclica: el amor que nos libera y nos hace seres espirituales, pero siempre con los pies en la tierra. Y desde la tierra descubrimos libremente a Dios que se ha estado revelando durante toda la historia como Dios Amor. Aunque los humanos con nuestros egoísmos y diferencias hayamos querido a veces hacer de Dios un dios de odio y venganza (como hoy en día también los fanáticos quieren proclamar), no podemos distorsionar siglos de revelación –en la Biblia y los Evangelios– sobre Jesucristo que dio su vida por la humanidad, sus amigos. En la primera parte de la encíclica, el Papa nos recuerda definiciones de las tres clases de amor que nos conviene repasar, ya que el mundo y la propaganda comercial nos hacen olvidar estos conceptos.

Hoy en día la mayoría de la humanidad entiende como amor, casi únicamente, ese sentimiento emocional que nos produce placer. El concepto griego *«Eros»* nos describe el amor erótico tan mentado en nuestras sociedades desarrolladas. Este concepto casi parece ignorar los conceptos de otras dos clases de amor, el amor filial de amistad y fraternidad, y el amor social y comunitario definido también por los griegos con la palabra *«ágape»*. Estas dos clases de amor se caracterizan por el amor a los demás el cual incluye la compasión, el sacrificio y la donación personal por el bien de los demás; estas dos clases de amor se han identificado tradicionalmente con el amor cristiano. Pero el Papa nos aclara que el *«amor eros»* debe también reconocerse e integrarse en nuestra vida. Necesitamos amar, pero también ser amados. De esta reflexión podemos sacar ya aplicaciones prácticas tanto individual como socialmente.

2
LA ENCÍCLICA EN SU MOMENTO HISTÓRICO

La encíclica del Papa realmente nos ha sorprendido al dirigirse al mundo de hoy hablando del Amor, *«Dios es Amor»*. En un mundo que parece no entender el amor, ni las responsabilidades que implica ese misterioso sentimiento innato que tenemos todos los seres humanos, el Papa nos aclara lo que significa el amor.

En la primera parte, estudiamos cómo el Papa nos explica lo que es esa poderosa fuerza que mueve nuestras vidas: necesitamos tanto *amar como ser amados*. Pero no podemos concebir como válido el amor egoísta que sólo busca el propio placer, como hoy en día se nos quiere hacer creer. El amor egoísta nos encierra, nos separa de los demás, y eventualmente nos destruye... El odio, la venganza y la incomprensión están ya destruyendo nuestro mundo.

El amor tiene que convertirse en un *«darse»* al ser amado y a los demás: familia, amigos, comunidad social, patria, humanidad. Ese es el amor que nos enseñó Jesucristo y es el ideal de los que nos llamamos cristianos. A la luz de estos conceptos tenemos que revisar y ordenar nuestras vidas y todas nuestras actividades para así encontrar soluciones a los problemas del mundo de hoy.

En la segunda parte de la encíclica, el Papa se refiere a las repercusiones políticas y sociales de este amor como obligación para el cristiano, amor que no debemos considerar negativamente. El mandamiento del amor viene realmente como *una fuerza liberadora* que pone al individuo en camino a la felicidad humana y espiritual.

Y el Papa define el papel de la Iglesia como orientadora del Estado. La Iglesia, en tanto que organización, participa *«apasionadamente»* en la batalla por la justicia. También, con igual importancia, aclara el papel del laico comprometido con la responsabilidad pública y más activo en el ámbito político y social para buscar soluciones a los problemas. El practicar la caridad, amar ocupándose de los demás especialmente de las víctimas de nuestras injusticias, es responsabilidad de todos como Iglesia. Siempre la Iglesia durante toda su historia se ha responsabilizado con la práctica de la caridad: los grandes santos atestiguan ese amor en sacrificio por los demás. Todavía hoy en día tenemos mártires que están dando su vida por amor en servicio de los demás.

Así, el corazón y centro de esta encíclica está en la declaración de que la justicia jamás puede considerarse como algo superfluo al amor. Más allá de la justicia, el ser humano siempre tendrá necesidad del amor que, como dice Benedicto, le dará un alma a la justicia. En un mundo tan herido como el que tenemos hoy en día, no hace falta explicar mucho lo que se ha dicho, el mundo espera el testimonio del amor cristiano que viene inspirado por la fe... En este mundo tan infiltrado en las tinieblas, tiene que brillar la luz de Dios que viene con el amor.

3
INTRODUCCIÓN A LA ENCÍCLICA «DEUS CARITAS EST»

«Dios es Amor, y quien permanece en el amor permanece en Dios y Dios en él».

Con estas palabras de la primera carta del apóstol San Juan comienza su encíclica el Papa Benedicto XVI que nos dice que *«estas palabras expresan con claridad meridiana el corazón de la fe cristiana: la imagen cristiana de Dios y la consiguiente imagen del hombre y de su camino».* Pero quizás no reparamos suficientemente en la importancia y profundidad de esta declaración, tan insólita cuando se pronunció entonces como lo es en nuestros días.

En las civilizaciones antiguas los dioses habían sido descritos siempre como dioses de poder y majestad, pero nunca como dioses de amor. Por el contrario, se definían como egoístas, crueles y arbitrarios en sus caprichos. La creencia judeocristiana fue la única que nos trajo este concepto de que Dios es amor, con una audacia que no podía venir sólo del hombre sino revelada e inspirada por ese mismo misterioso Dios.

«Hemos creído», prosigue el Papa, *«en el amor de Dios: así puede expresar el cristiano la opción fundamental de su vida. No se comienza a ser cristiano por una decisión ética o una gran idea, sino por el encuentro con un acontecimiento, con una Persona (Dios), que le da a la vida un nuevo horizonte y, con ello, una orientación decisiva ... La fe cristiana, poniendo el amor en el centro, ha asumido lo que era el núcleo de la fe de Israel, dándole al mismo tiempo nueva profundidad y amplitud».*

Ya el pueblo de Israel nos había sorprendido con un maravilloso y nuevo primer mandamiento: *«Amar a Dios sobre todas las cosas».* Y la encíclica del Papa nos declara:

> *«Jesús, haciendo de ambos un único precepto, ha unido este mandamiento del amor a Dios con el amor del prójimo, contenido en el Libro del Levítico: 'Amarás a tu prójimo como a ti mismo' y puesto que es Dios quien nos ha amado primero, ahora el amor ya no es sólo 'un mandamiento' sino la respuesta al don del amor, con el cual viene a nuestro encuentro».*
>
> *«En un mundo en el cual a veces se relaciona el nombre de Dios con la venganza o incluso con la obligación al odio y a la violencia, éste es un mensaje de gran actualidad y con un significado muy concreto».*

Desgraciadamente, sufrimos hoy en día el terror de un fundamentalismo fanático que promueve la violencia creyendo hacer la voluntad de Dios. Ni la Iglesia ha estado exenta de ese error en nuestra historia, abiertamente negando la actitud que Jesús nos enseñó en los Evangelios.

Por otra parte algunos cristianos, basándose en algunos pasajes, ven al Dios del Antiguo Testamento como un Dios vengativo. Recordemos que la Biblia es el documento histórico del pueblo de Israel *'creciendo en conciencia'* y, a veces como niños y adolescentes, en ese contexto expresaban su confianza en Dios, sólo en su aspecto de protector y defensor en contra del la opresión de sus enemigos.

También en Latinoamérica, con nuestros agudos problemas sociales, a veces hemos querido reducir a Dios a ser sólo un liberador político y social lleno de ira y nos hemos olvidado un poco de ese Dios personal del amor, verdadero libertador a todos los niveles.

Es quizás por eso que el Papa Benedicto XVI nos vuelve a aclarar el principio y fundamento de nuestra vida y de nuestra fe, que Dios es Amor. *«Mi deseo* –dice el Papa– *es insistir sobre algunos elementos fundamentales para suscitar en el mundo un renovado dinamismo de compromiso en respuesta humana al amor divino».*

4
LAS DISTINTAS CLASES DE AMOR

Muchos se refieren a esta encíclica como el documento más importante que se haya escrito en largo tiempo en la Iglesia, quizás por la actualidad de su tema en estos tiempos terribles en que parece que el odio y el fanatismo se mezclan con la religión. Quizás porque –después de tantos años de cristianismo– hemos olvidado en cierta manera el principio y fundamento de nuestra fe. A veces nos hemos ido por las ramas sin pasar por las raíces y el tronco: es decir, la Revelación en el Antiguo Testamento, raíces de nuestras creencias, y el tronco que es Cristo, como los Evangelios y la tradición nos lo han revelado.

Y Benedicto XVI nos lo aclara con extrema sencillez y humildad pero profunda atención: «*El amor de Dios por nosotros es una cuestión fundamental para la vida y plantea preguntas decisivas sobre quién es Dios y quienes somos nosotros*». Es sorprendente el tono con que nos habla el Papa. En algunos tiempos tristes de la historia la Iglesia ha abusado imponiéndonos ideas desde arriba sin hacernos pensar. Hoy el Papa nos hace *«pensar»*, precisamente como Cristo hacía en el evangelio. Su encíclica *«Dios es Amor»* se desarrolla desde dos puntos de vista: a) quién es Dios y b) quiénes somos nosotros. O sea, los efectos recíprocos de esa relación amorosa.

Pero el Papa nos pone en alerta de que hoy en día la palabra '*amor*' se puede prestar a confusión:

«*Se habla del amor a la patria, de amor por la profesión o el trabajo, de amor entre amigos, entre padres a hijos, entre hermanos y familiares, del amor al prójimo y del amor a Dios. Sin embargo, en toda esta multiplicidad de significados se destaca, como arquetipo por excelencia, el amor entre el hombre y la mujer, en el cual intervienen inseparablemente el cuerpo y el alma, y en el que se le abre al ser humano una promesa de felicidad que parece irresistible en comparación a la cual palidecen, a primera vista, todos los demás tipos de amor. Se plantea, entonces, la pregunta: ¿Todas estas formas de amor, se unifican al final de algún modo, a pesar de la diversidad de sus manifestaciones, siendo en último término uno solo, o se trata más bien de una misma palabra que utilizamos para indicar realidades totalmente diferentes?»...*

Y ahí el Papa nos recuerda y nos aclara las diferencias entre los distintos modos del amor. Como lo explicaban los griegos: el amor *«eros»* define particularmente el amor entre hombre y mujer; el amor *«ágape»* sin duda denota algo esencial del cristianismo; y el amor *«philia»* que se identifica más como el amor de amistad. El carácter novedoso que aportó el cristianismo, tanto el amor 'philia' como el 'ágape' aparentemente se definieron más como contraposición al 'eros'. Este fue relegado a un segundo plano, quizás por el elemento egoísta que parece tener.

Nos dice Benedicto:

«En la crítica al cristianismo que se ha desarrollado con creciente radicalismo a partir de la Ilustración, esta novedad ha sido valorada de modo absolutamente negativo».

«El cristianismo, según Nietzsche, habría dado de beber al 'eros' un veneno que, aunque no le llevó a la muerte, le hizo degenerar en vicio. El filósofo alemán expresó de este modo una apreciación muy difundida: ' ¿La Iglesia, con sus preceptos y prohibiciones, no convierte acaso en amargo lo más hermoso de la vida? ... ¿No pone quizás carteles de prohibición precisamente allí donde la alegría, predispuesta en nosotros por el Creador, nos ofrece una felicidad que nos hace pregustar algo de lo divino?'...

Pero ¿es realmente así?, se pregunta el Papa, el cristianismo «¿ha destruido verdaderamente el 'eros' ?»

5
EL CRISTIANISMO NO DESTRUYÓ EL «EROS»

En la sorprendente encíclica *DEUS CARITAS EST*, que muchos reconocen como el documento más importante que se haya escrito en la Iglesia en los últimos años, el Papa Benedicto XVI nos aclara los conceptos de amor que nos llegan hoy en día. Nos da la diferencia entre las diversas concepciones del amor. El más reconocido, el «*eros*», es el amor mutuo que se manifiesta en el ser amado y en el amante; el amor «*philia*», que es amor de familia, de amigos y hermanos; y por último, el amor «*ágape*» que siempre se ha identificado con el cristianismo por su énfasis en el darse a los demás sin esperar nada a cambio.

El Papa cita entonces a Frederich Nietzsche quien acusa al cristianismo de convertir el amor '*eros*' en amargo y de *envenenar* así una de las pocas y hermosas alegrías que pueden disfrutar los seres humanos en esta vida. Benedicto se pregunta, «*¿Es realmente así?... El cristianismo, ¿ha destruido verdaderamente el 'eros'?*». Y remontándose al mundo griego nos recuerda cómo *«los griegos consideraban el eros ante todo como un arrebato, 'una locura divina' que prevalece sobre la razón, que arranca al hombre de la limitación de su existencia y que en este quedar estremecido por una potencia divina le hace experimentar la dicha más alta. De este modo, todas las demás potencias entre cielo y tierra parecen de segunda importancia. El 'eros' se celebraba pues, como fuerza divina, como comunión con la divinidad».*

Pero esa forma de religión se plasmó en cultos de fertilidad y hasta en la prostitución '*sagrada*', prácticas que contrastan con la fe en el único Dios y que en el Antiguo Testamento son denunciadas como perversión de la religiosidad. «*No obstante*, continúa el Papa, *en modo alguno se rechazó con ello el 'eros' como tal, sino que se declaró guerra a su desviación destructora, puesto que la falsa divinización del 'eros', que se produce en esos casos, lo priva de su dignidad* *divina y lo deshumaniza. En efecto, las prostitutas que en el templo debían proporcionar el arrobamiento de lo divino, no son tratadas como seres humanos, sino sirven sólo como instrumentos para suscitar la `locura divina', no son diosas sino personas humanas de las que se abusa. Por eso, el 'eros' ebrio e indisciplinado no es elevación, `éxtasis' hacia lo divino, sino caída, degradación del hombre. Resulta así evidente que el 'eros' necesita disciplina y purificación para dar al hombre, no el placer de un instante, sino el modo de hacerle pre–gustar en cierta manera lo más alto de su existencia, esa felicidad a la que tiende todo nuestro ser».*

«En estas consideraciones, sobresalen claramente dos aspectos. Ante todo, que entre el 'amor' y lo divino existe una cierta relación: El amor promete infinidad, eternidad, una realidad más grande, y completamente distinta de nuestra existencia cotidiana. Pero, al mismo tiempo, se constata que el camino para lograr esta meta no consiste simplemente en dejarse dominar por el instinto. Esto no es rechazar el 'eros' ni 'envenenarlo' sino sanearlo para que alcance su verdadera grandeza».

Este valiente y clarificador análisis sobre el amor, en la primera encíclica del Papa Benedicto XVI, no creo que se haya encontrado nunca en la historia de las encíclicas papales de los veinte siglos de cristianismo. En el mundo de hoy que, confuso, todavía se debate dentro de la 'revolución sexual' de los últimos treinta años, esta encíclica de un Papa teólogo con los pies en la tierra nos llena de esperanza.

6
EL HOMBRE: TANTO CUERPO COMO ALMA

Continuamos con nuestro estudio de la sorprendente primera encíclica del Papa Benedicto XVI. Llamamos 'sorprendente' a esta encíclica pues el Papa parece comunicarnos el principio y fundamento de nuestra fe con un estilo y enfoque muy diferente a lo que hemos estado acostumbrados por largo tiempo. El Papa no nos impone dogmas ni regulaciones. Usando el mismo estilo pedagógico que usaba Jesús en los Evangelios, Benedicto nos invita a pensar y reflexionar sobre la vida, nuestra humanidad y nuestra fe, con un respeto poco frecuente en nuestros guías espirituales.

Después de la clara explicación de las tres clases de amor –como lo entendemos en nuestra civilización occidental– el Papa nos recuerda cómo somos los seres humanos: alma y cuerpo. Para sanear el concepto `eros` y que alcance su verdadera grandeza, se debe entender *«ante todo la constitución del ser humano, que está compuesto de cuerpo y alma. El hombre es realmente él mismo cuando cuerpo y alma forman una unidad íntima; el desafío del 'eros' puede considerarse superado cuando se logra esta unificación».*

La encíclica nos explica cómo Nietzsche y algunos filósofos del siglo pasado, acusaban al cristianismo de haber envenenado el *'eros'* al enfatizar el *'ágape'* como el verdadero amor cristiano de darse a los demás. Pero el Papa Benedicto ahora aclara que el cristianismo no excluye el *'eros'* sino que critica la *'falsa divinización'* con que el mundo de hoy idolatra el *'eros'*, la visión meramente egoísta de un *'eros'* indisciplinado que deshumaniza. El Papa nos habla de la integración o unificación del cuerpo y el alma.

«Si el hombre pretendiera ser sólo espíritu, y quisiera rechazar la carne como si fuera una herencia meramente animal (¡evolución!), espíritu y cuerpo perderían su dignidad. Si, por el

contrario, repudia el espíritu y por tanto considera la materia, el cuerpo, como una realidad exclusiva, malogra igualmente su grandeza… Pero ni la carne ni el espíritu aman: es el hombre, la persona, la que ama como criatura unitaria, de la cual forman parte el cuerpo y el alma. Sólo cuando ambos se funden verdaderamente en una unidad, el hombre es plenamente él mismo. Únicamente de este modo el amor –el 'eros'– puede madurar hasta su verdadera grandeza».

Con estas clarísimas declaraciones tal parece que el Papa Benedicto XVI pone fin a siglos de tendencias maniqueístas que hasta llegaban a negar que Cristo fuera verdaderamente hombre pues el cuerpo, lo físico y material, se interpretaban como algo negativo. Esa tendencia, que se declaró herética ya en tiempos de San Agustín en el siglo IV, ha vuelto a surgir varias veces en nuestra historia.

«Hoy se reprocha, a veces, al cristianismo del pasado de haber sido adversario de la corporeidad y, de hecho, siempre se han dado tendencias de este tipo. Pero el modo de exaltar el cuerpo que hoy constatamos, resulta engañoso. El 'eros' degradado a puro sexo se convierte en mercancía, en simple 'objeto' que se puede comprar y vender. Más aún, el hombre mismo se transforma en mercancía. En realidad éste no es el gran sí del hombre a su cuerpo».

7
EL «EROS» SE VUELVE NATURALMENTE «ÁGAPE».

En su encíclica *«Deus Caritas Est»* el Santo Padre Benedicto XVI ha querido aclararnos de una vez por todas lo que significa el amor cristiano.

Como siempre se había identificado el concepto de «ágape» como el amor cristiano, el Papa insiste en aclarar que el concepto de «eros» no está en su contraposición. Sí, el ser humano debe de estar orientado idealmente hacia ese amor «ágape» que se dirige a los demás. En eso consiste el insólito mandamiento nuevo que Cristo nos deja: ámense unos a otros como yo los he amado. Pero eso no significa que el individuo no necesite también recibir amor y sentirse amado. O sea, el individuo tiene que vivir dando amor y recibiendo amor: una integración del «ágape» con el «eros».

En el verdadero amor ocurre sorpresivamente un profundo fenómeno. El «eros» se vuelve naturalmente «ágape». El amor expresado al ser amado busca lógicamente complacer a ese ser amado, su bien y satisfacción. Sentirse amado incluye el desvivirse por el otro hasta el punto del propio sacrificio.

Eso constituye el verdadero ideal del «eros» que quizás empieza egoístamente en la propia satisfacción. El «eros» se ha convertido en «ágape» que busca la satisfacción del otro y así se amplía hacia los otros, hacia los demás en los grupos sociales, las comunidades y hacia toda la humanidad como ideal.

Es ese el *verdadero ideal* del «eros» que Benedicto XVI quiere hacernos comprender: *el «eros» tiene que llevarnos necesariamente al amor en servicio a los demás.*

8
EL MISTERIO DEL AMOR DE DIOS VIVIDO FÍSICAMENTE

Al terminar la primera parte de su encíclica, el Papa Benedicto XVI trata dos temas centrales de nuestra fe cristiana. El primero es el de la Eucaristía. El segundo, el del amor a Dios junto al amor al prójimo.

La Eucaristía parece que no ha sido entendida en su verdadera profundidad, tanto por muchas de las denominaciones protestantes como tampoco por muchos católicos. Quizás los protestantes reaccionaron justamente a devociones exageradas que se inculcaron en tiempos de terrible confusión en la Iglesia. También muchos católicos se han quedado con un sentido bastante superficial de la Eucaristía. Para recuperar el sentido verdadero de la Eucaristía en los Evangelios, tenemos que irnos por arriba de esas diferencias y desviaciones, tanto en la Iglesia católica como en las protestantes. La Eucaristía viene como conclusión principal de la encarnación de Cristo en la humanidad. Por lo tanto todos los cristianos debemos darle la importancia y solemnidad que presupone.

Benedicto nos aclara el profundo sentido teológico de la Eucaristía: «*Jesús ha perpetuado este acto de entrega mediante la institución de la Eucaristía durante la última cena... Si el mundo antiguo (griego) había soñado que, en el fondo, el verdadero alimento del hombre –aquello por lo que el hombre vive– era el 'Logos' –la sabiduría eterna– ahora este 'Logos' se ha hecho para nosotros verdadera comida: 'como amor'... No recibimos solamente de modo pasivo el 'Logos', sino que nos implicamos en la dinámica de su entrega*».

La presencia de Cristo en la Eucaristía no puede estar más claramente definida en los recuentos de la última cena de los tres Evangelios de Marcos, Mateo y Lucas. Juan, el cuarto evangelista, no cesa de referirse solemnemente a los discursos de Cristo sobre el *«comer»* su carne y *«beber»* su sangre. En la Eucaristía es Él verdaderamente quien se da a nosotros por amor. Esto no es una simple devoción ni una especulación piadosa. Se trata de una unión con Dios por la participación en la entrega de Jesús, en su cuerpo y en su sangre. Benedicto nos habla de este sacramento que nos lleva a otra dimensión mucho más alta que cualquier elevación mística alcanzada por el hombre.

Sin embargo, dice el Papa, *«la 'mística' del sacramento tiene un carácter social. Porque en la comunión sacramental, yo quedo unido al Señor como todos los demás que comulgan. La unión con Cristo es al mismo tiempo unión con todos los demás a los que él se entrega».* No se puede entender la comunión con un sentido egoísta como a veces muchos católicos la han interpretado. Dice Benedicto: *«La comunión me hace salir de mí mismo para ir hacia Él... Ahora, el amor a Dios y al prójimo están realmente unidos».*

El sacramento de la Eucaristía nos hace poner en práctica nuestra unión con Dios y con el prójimo. Nos dice el Papa que esto *«requiere mi compromiso práctico aquí y ahora».* Y por si nos quedan dudas, el Papa nos aclara que *«Mi prójimo es cualquiera que tenga necesidad de mí y a quien yo pueda ayudar».*

Benedicto nos cita la primera carta de Juan el evangelista quien subraya la inseparable relación entre amor a Dios y amor al prójimo. Son un único mandamiento: *«... ambos viven del amor que viene de Dios, que nos ha amado primero. Así, pues, no se trata ya de un 'mandamiento' externo que nos impone lo imposible, sino de una experiencia de amor nacida de dentro, un amor que por su propia naturaleza ha de ser ulteriormente comunicado a otros».*

9
CREAR CONCIENCIA ACTIVAMENTE

En la segunda parte de esta primera encíclica del Papa Benedicto XVI, él nos explica cómo la Iglesia pone en práctica ese amor que consideramos corazón de nuestra fe cristiana.

En un mundo politizado, en el que muchas veces nos quedamos en meras teorías, el Papa con su ya consabida claridad teológica nos explica la labor de la Iglesia. Es curioso ver cómo muchos católicos no pueden ni definir lo que es la Iglesia. Algunos llegan a identificar la Iglesia simplemente como un edificio... Cuando las escrituras del Nuevo Testamento se refieren a *«la Iglesia»* la traducción correcta del arameo es «comunidad». El Papa la define como *«comunidad de amor»*. ¡Y ahí no hay equívoco alguno!

«Toda la actividad de la Iglesia es una expresión de un amor que busca el bien integral del ser humano –nos dice el Papa–... *También la Iglesia en cuanto comunidad ha de poner en práctica el amor. En consecuencia, el amor necesita también una organización, como presupuesto para un servicio comunitario ordenado».* Ahí se nos aclara el verdadero sentido de la Iglesia como organización. A pesar de los terribles tiempos en que la Iglesia fue ´tomada´ por las familias poderosas de la oscura Edad Media –cuando el papado se convirtió en un mero instrumento político– la Iglesia ha sobrevivido.

La barca de Pedro iluminada siempre por santos y profetas volvió a salir a flote y ha sobrevivido a todas las tormentas de la historia. El servicio de la caridad siempre ha sido el resultado de esa comunidad en tantos momentos de la historia cuando la violencia, la injusticia y la confusión han velado nuestra visión positiva de la historia. Y el Papa nos aclara y explica, una vez más, el importante papel de la Iglesia en el mundo de hoy: *«La Iglesia no puede descuidar el servicio de la caridad, como no puede omitir los Sacramentos y la Palabra».* Así ha sido desde los primeros siglos de la Iglesia. Hoy más que nunca tenemos que definir con más precisión la relación entre el compromiso necesario en pro de la justicia y el servicio de la caridad.

Nos dice la encíclica:

«En la difícil situación en la que nos encontramos hoy, a causa también de la globalización de la economía, la doctrina social de la Iglesia se ha convertido en una indicación fundamental que propone orientaciones válidas mucho más allá de sus confines: estas orientaciones –ante el avance del progreso– se han de afrontar en diálogo con todos los que se preocupan seriamente por el hombre y su mundo».

«El orden justo de la sociedad y del Estado es una tarea principal de la política... La doctrina social de la Iglesia argumenta desde la razón y el derecho natural, es decir, a partir de lo que es conforme a la naturaleza de todo ser humano. Y sabe que no es tarea de la Iglesia el que ella misma haga valer políticamente esta doctrina: quiere servir a la formación de las conciencias en la política y contribuir a que crezca la percepción de las verdaderas exigencias de la justicia».

«La Iglesia no puede ni debe emprender por cuenta propia la empresa política de realizar una sociedad lo más justa posible. No puede ni debe sustituir al Estado. Pero tampoco puede quedarse al margen en la lucha por la justicia».

Queda claro entonces que el importantísimo papel de la Iglesia es el de crear conciencia activamente.

10
EL AMOR DEBE PROMOVER LA JUSTICIA

El Papa Benedicto XVI en su primera encíclica *«Deus Caritas Est»*, nos destaca el papel de la Iglesia en este mundo confuso e injusto de hoy. La Iglesia no puede ni debe sustituir al Estado en su función política de estructurar una sociedad lo más justa posible... *«Pero tampoco puede ni debe quedarse al margen en la lucha por la justicia»*... ¡La Iglesia tiene el deber de crear conciencia!

Ya había aclarado el Papa al principio de la encíclica la preponderancia del amor en todas las manifestaciones del cristiano, ya sea individualmente o como Iglesia institucional. Al centrar nuestra fe en ese Dios que es amor, todo se desenvuelve alrededor de ello. Dice el Papa:

«El amor ('caritas') siempre será necesario, incluso en la sociedad más justa. No hay orden estatal, por justo que sea, que haga superfluo el servicio del amor... Siempre habrá sufrimiento que necesite consuelo y ayuda. Siempre habrá soledad. Siempre se darán también situaciones de necesidad material en las que es indispensable una ayuda que muestre un amor concreto al prójimo».

Aunque el establecer estructuras justas pertenece a la esfera política, a la Iglesia *«le corresponde contribuir a la purificación de la razón y reavivar las fuerzas morales, sin lo cual no se instauran estructuras justas, ni éstas pueden ser operativas a largo plazo».* Y nos vuelve a insistir el Papa en la labor de la Iglesia como «concientizadora» de la sociedad humana universal.

Aquí Benedicto XVI aclara la labor personal e individual de todos los cristianos laicos como Iglesia:

«El deber inmediato de actuar a favor de un orden justo en la sociedad es más bien propio de los fieles laicos. Como ciudadanos del estado, están llamados a participar en primera persona en la vida pública. Por tanto, no pueden eximirse de la multiforme y variada acción económica, social, legislativa, administrativa y cultural, destinada a promover orgánica e institucionalmente el bien común. La misión de los fieles es, por tanto, configurar rectamente la vida social, respetando su legítima autonomía y cooperando con los otros ciudadanos según las respectivas competencias y bajo su propia responsabilidad».

Después de estas declaraciones de nuestro Papa, no podemos evitar comparar las enseñanzas de la Iglesia Católica con las de otras creencias y religiones. Hoy, que en nombre de Dios algunos incitan al odio, la violencia, la intransigencia, amparados en sus religiones, vemos la diferencia con nuestra fe que proclama el amor, la comprensión, el perdón, el respeto entre razas, culturas y nacionalidades. Con humildad nos damos cuenta de la terrible responsabilidad que todos los cristianos tenemos hoy de anunciar la única fe que puede salvar a este mundo de la desintegración y destrucción.

El Papa escribe preocupado:

«Vemos cada día lo mucho que se sufre en el mundo a causa de tantas formas de miseria material o espiritual, no obstante los grandes progresos en el campo de la ciencia y de la técnica».

Y es deber de la Iglesia anunciar la esperanza que Cristo nos trae el mundo de hoy. Una esperanza que todos tenemos que llevar como **luz** que nuestro Dios quiere que seamos.

11
RESPUESTA DEL CRISTIANO AL MUNDO DE HOY

Cuando salió a la publicidad esta primera encíclica del Papa Benedicto XVI, quizás tuvimos una reacción desanimada. Pudiéramos habernos creído que este Papa teólogo se había lanzado por un tema tan elevado y teológico que no aterrizaría a los gravísimos problemas que nos presenta el mundo de hoy. Pero al leer sólo unas líneas, no tardamos en convencernos de la genialidad de ese tema y de su autor.

Y en primera, nos explicó lo que significa el *amor* desde el punto de vista universal e histórico. Con la confusión de hoy en día –en especial en los jóvenes– no nos percatamos de lo que significa *el amor*, de las distintas clases de amor y de la progresión o evolución del amor en la humanidad.

Ya en la segunda parte de la encíclica, Benedicto nos habla de nuestro deber de cristianos, ya sea individual o institucional. Todos somos Iglesia y debemos de responder a ese llamado de Cristo, que para eso vino al mundo, murió por nosotros y resucitó a la vida eterna.

El Papa nos sigue explicando, con una comprensión y una humildad extraordinarias, que el amor humano debe evolucionar poco a poco hacia un amor de entrega en servicio a los demás. ¡Con qué genialidad Jesús nos dejó esa enseñanza en los Evangelios!

El Papa que no ha dejado de formarnos –en especial a nuestra juventud– nos invita ahora a responder con las miles de formas de acción apostólica y social que aparecen en el mundo. Y no sólo por medio de organizaciones religiosas y cristianas, sino también otras organizaciones civiles que se dedican a resolver los problemas sociales, políticos y económicos que nos afectan a todos.

> *«Esta labor tan difundida es una escuela de vida para los jóvenes que educa a la solidaridad y a estar disponibles para*

dar no sólo algo, sino darse a sí mismos. De este modo, frente a la anticultura de la muerte, que se manifiesta por ejemplo en las drogas, se contrapone el amor que no se busca a sí mismo sino que, precisamente en la disponibilidad a `perderse a sí mismo´ en favor del otro (cf Lucas 17, 33), *se manifiesta como cultura de la vida».*

Pero ¡ojo!, que nuestra actividad social en ayuda a los demás no se convierta solamente en una mera asistencia social sin fondo ni espiritualidad.

«Por tanto, es muy importante que la actividad caritativa de la Iglesia mantenga todo su esplendor y no se diluya en una organización asistencial genérica».

Y el Papa aclara que esa ayuda a los demás necesita preparación y profesionalidad, aunque éstas solas no bastan. La ayuda se hace a seres humanos, *«y los seres humanos necesitan siempre algo más que una atención sólo técnicamente correcta. Necesitan humanidad. Necesitan atención cordial…una atención que sale del corazón…Por eso dichos agentes, además de la preparación profesional, necesitan también y sobre todo una `formación del corazón´: se les ha de guiar hacia ese encuentro con Dios en Cristo, que suscite en ellos el amor y abra su espíritu al otro…».*

Nunca debemos olvidar el pasaje de San Mateo (Mt 25) donde Jesús nos declara el patrón por el cual, al final, seremos juzgados… *Porque me viste enfermo, con hambre y sufriendo… y te compadeciste de mí…* ¡Y muchos actuarán sorprendidos!

Esta primera encíclica del Papa Benedicto XVI indudablemente nos ha ayudado a revitalizar la fe y a vivir en esperanza a través de este «valle de lágrimas» al que ya podremos sonreír con amor en acción…

12
LA IGLESIA ORIENTA EL AMOR DE DIOS A TODOS LOS HOMBRES

En esta segunda parte de la encíclica sobre el amor de Dios y a Dios, el Papa nos explica cómo la Iglesia tiene el deber de enseñarnos cómo poner en práctica ese amor en el mundo de hoy.

La Iglesia tiene el deber de *«formarnos el corazón»* y guiar nuestra conciencia personal y la de nuestras sociedades. Esta formación *«ha de guiar hacia ese encuentro con Dios en Cristo, que suscite en ellos el amor y abra su espíritu al otro, de modo que para ellos, el amor al prójimo ya no sea un mandamiento, por así decir, impuesto desde fuera sino una consecuencia que se desprende de su fe...»*

Ya hemos dicho desde el principio de estas reflexiones lo sorprendente de esta encíclica que con un tono comprensivo, no de imposición, nos invita a reflexionar y a aprender. En el mundo de hoy tan confuso, a muchos les es más fácil obedecer y no pensar, como para escapar de tener responsabilidad... El Papa Benedicto, siguiendo el estilo pedagógico del mismo Cristo a quien él mismo representa, nos hace pensar y reflexionar.

Pero frente a aquellos que buscan veladamente en el cristianismo una forma de poder y de manipulación, el Papa nos aclara:

«La actividad caritativa cristiana ha de ser independiente de partidos e ideologías. No es un medio para transformar el mundo de manera ideológica y no está al servicio de estrategias mundanas, sino que es la actualización aquí y ahora del amor que el hombre siempre necesita».

Volvemos a destacar esa actitud de vida que Jesús nunca se cansó de predicarnos en parábolas y con hechos durante su vida testimoniada en los Evangelios.

Y como para callar tanto fundamentalismo fariseo de hoy, Benedicto nos aclara:

«El cristiano sabe cuando es tiempo de hablar de Dios y cuando es oportuno callar sobre Él, dejando que hable sólo el amor».

Y nos cita a nuestra Madre Teresa de Calcuta, quien es un ejemplo de predicación con los hechos ante otras religiones y culturas; un ejemplo también para muchos cristianos y católicos que quieren imponer el cristianismo a la fuerza ignorando las necesidades de millones de sufridores en el mundo de hoy.

Pero esta claridad para ejercer el amor y la comprensión en las necesidades presentes sólo se consigue con la unión íntima con Dios en nuestra vida cotidiana:

«Y ¿cómo podemos conseguirla?... A través de la oración... Obviamente, el cristiano que hace oración... busca más bien el encuentro con el Padre de Jesucristo, pidiendo que esté presente, con el consuelo de su Espíritu, en él y en su trabajo. La familiaridad con el Dios personal y el abandono a su voluntad impiden la degradación del hombre, lo salvan de la esclavitud de doctrinas fanáticas y terroristas».

Y termina Benedicto XVI su primera encíclica con ideas y palabras alentadoras para el cristiano de hoy:

«Fe, esperanza y caridad están unidas. La esperanza se relaciona prácticamente con la virtud de la paciencia, que no desfallece ni siquiera ante el fracaso aparente, y con la humildad que reconoce el misterio de Dios y se fía de Él incluso en la oscuridad. La fe nos muestra a Dios que nos ha dado a su Hijo y así suscita en nosotros la firme certeza de que realmente es verdad que Dios es amor...».

> *«El amor es una luz –en el fondo la única– que ilumina constantemente un mundo oscuro y nos da la fuerza para vivir y actuar».*

Y nuestro Papa Benedicto XVI pone el broche final a su encíclica con este pensamiento que resume y da el motivo de esta maravillosa primera expresión escrita de su pontificado:

> *«Vivir el amor y así llevar la luz de Dios al mundo: 'a esto quisiera invitar con esta encíclica'.*

EPÍLOGO

Si de alguna manera nos hemos sentido aludidos al analizar el peligro de convertirnos en rinocerontes, estas reflexiones nos ayudarán a reaccionar.

Solamente caer en cuenta de esta trágica metamorfosis que está ocurriendo en el mundo ya es señal de esperanza. Así nos salvaremos de convertirnos en un rinoceronte más y quizás podamos ayudar a otros a renovar la responsabilidad personal y social integrando la fe con la razón. Sólo lo espiritual, uniendo la mente con el corazón, nos salvará de la deshumanización que amenaza destruir el mundo convirtiéndonos a todos en pesados, violentos y tercos rinocerontes.

Otros libros publicados en la
COLECCIÓN FÉLIX VARELA
(Obras de pensamiento cristiano y cubano)

a)	815-2	MEMORIAS DE JESÚS DE NAZARET, José Paulos
b)	833-0	CUBA: HISTORIA DE LA EDUCACIÓN CATÓLICA 1582-1961 (2 vols.), Teresa Fernández Soneira
c)	842-x	EL HABANERO, Félix Varela (con un estudio de José M. Hernández e introducción por Mons. Agustín Román)
d)	867-5	MENSAJERO DE LA PAZ Y LA ESPERANZA (Visita de Su Santidad Juan Pablo II a Cuba). Con homilías de S.E. Jaime Cardenal Ortega y Alamino, D.D.
e)	871-3	LA SONRISA DISIDENTE (Itinerario de una conversión),
f)		Dora Amador
g)	885-3	MI CRUZ LLENA DE ROSAS (Cartas a Sandra, mi hija enferma), Xiomara J. Pagés
h)	888-8	UNA PIZCA DE SAL I, Xiomara J. Pagés
i)	892-6	SECTAS, CULTOS Y SINCRETISMOS, P. Juan J. Sosa
j)	897-7	LA NACIÓN CUBANA: ESENCIA Y EXISTENCIA, Instituto Jacques Maritain de Cuba
k)	903-5	UNA PIZCA DE SAL II, Xiomara J. Pagés
l)	921-3	FRASES DE SABIDURÍA (Ideario), Félix Varela (Edición de Rafael B. Abislaimán)
m)	924-8	LA MUJER CUBANA: HISTORIA E INFRAHISTORIA, Instituto Jacques Maritain de Cuba
n)	941-8	EL SANTERO CUBANO. Religiones Afrocubanas y Fe Cristiana, P. Raúl Fernández Dago
o)	948-5	GOTITAS DE FE, Xiomara J. Pagés
p)	956-7	FÉLIX VARELA PARA TODOS / FÉLIX VARELA FOR ALL (1788-1853). LA PERSONA, SU MUNDO Y SU LEGADO / THE PERSON, HIS WORLD AND HIS LEGACY. Rafael B. Abislaimán
q)	981-7	CON LA ESTRELLA Y LA CRUZ — HISTORIA DE LA FEDERACIÓN DE LAS JUVENTUDES DE ACCIÓN CATÓLICA CUBANA (2 vols.), Teresa Fernández Soneira
r)	985-x	HISTORIA DE LA IGLESIA CATÓLICA EN CUBA (2 vols.), Monseñor Ramón Suárez Polcari
s)	998-1	EL PROYECTO VARELA, Alberto Muller
t)	334-7	EL DESAFÍO DE LA SÁBANA SANTA, Instituto de Solidaridad Cristiana
u)	8-002-2	APUNTES DE ESPIRITUALIDAD IGNACIANA (De algunas conferencias, meditaciones y pláticas de Ejercicios Espirituales), Federico Arvesú, S.J, M.D.

v)	8-010-3	EPISCOPOLOGIO CUBANO II. MIGUEL RAMÍREZ DE SALAMANCA, SEGUNDO OBISPO DE CUBA 1527-1534 P. Reynerio Lebroc Martínez
w)	8-017-0	LA REAL Y PONTIFICIA UNIVERSIDAD DE SAN GERÓNIMO DE LA HABANA: FRAGUA DE LA NACIÓN CUBANA, Salvador Larrúa Guedes
x)	8-032-4	IGLESIA CATÓLICA Y NACIONALIDAD CUBANA (Memorias de los cuatro Encuentros Nacionales de Historia convocados por la Comisión Nacional de Pastoral de Cultura de la Conferencia de Obispos Católicos de Cuba, celebrados en la ciudad de Camagüey, Cuba). Editor Joaquín Estrada Montalván.
y)	8-033-2	CUBA: LIBERTAD Y RESPONSABILIDAD, DESAFÍOS Y PROYECTOS, Dagoberto Valdés-Hernández (Edición de Gerardo E. Martínez-Solanas)
z)	8-040-5	FÉLIX VARELA: PORTA-ANTORCHA DE CUBA, Josephn y Helen M. McCadden. Edición de Amalia V. de la Torre. Traducción de Ignacio R. M. Galbis
aa)	8-041-3	UNA FE QUE ABRE CAMINOS, Araceli Cantero-Guibert
bb)	8-048-0	EN LA BÚSQUEDA DE LA FELICIDAD, Ernesto Fernández-Travieso, S.J.
cc)	8-075-8	FÉLIX VARELA: PROFUNDIDAD MANIFIESTA I Primeros Años de la Vida del Padre Félix Varela Morales: Infancia, adolescencia, Juventud. (1788-1821), P. Fidel Rodríguez
dd)	8-080-4	SÍGUEME. EJERCICIOS ESPIRITUALES PREDICADOS, Padre Amando Llorente, S.J.
ee)	8-091-x	EN LA BÚSQUEDA DE LA FELICIDAD, Ernesto Fernández-Travieso, S.J. Segunda edición corregida y ampliada.
ff)	8-095-2	MISCELÁNEA CUBANA, Instituto Jacques Maritain de Cuba
gg)	8-097-9	ACU. 75 ANIVERSARIO A.M.D.G., Salvador E. Subirá Historia de la Agrupación Católica Universitaria
hh)	8-104-5	PARA NO SER UN RINOCERONTE MÁS, Ernesto Fernández Travieso, S.J.